力盡時山更美

林明進

2018.04.21

學生 3

叫我最後一名

林明進——著

目次

三　生活的趣味

四　生命的價值

五　求生的韌性

六　生生不息的使命

自序

學生——每個人都有一個人生

森林有很多種天然的圖案，精采紛呈：大樹有大樹的粗獷，大山要有樹才稱得上崇山峻嶺；小草有小草的溫柔，大山同樣要有草，風才吹得起詩情畫意。大樹和小草錯落交疊，大山才美得自然，美得神乎其技，美得無懈可擊。

只有大樹成就不了美麗的森林，只有小草剛強不起英偉的山嶽。
看大樹要看大樹的傲岸，可以當一棵大樹，就別只當一片葉子。
看小草要看小草的生氣，可以曼妙的舞動，就做最天縱的舞仙。

樹有樹的宇宙，草有草的天地。樹要努力的是活出樹的價值，草要搖擺的也是草的美麗人生。樹不必去跟草比高低，草也不必去和樹比短長。大千世界，芸芸眾生，都是如此。做個人哪！一旦掉入庸俗的大染缸，你就只有比名宅、比名車、比名牌、比名校、比名氣，比一切形形色色的面具，這是俗氣衍生的力量。每個人都有自己的人生，自己的人生要朝志氣去昂首，不要向俗氣去低頭。每個人都可以像樹一樣，樹有樹的偉岸，所以能自信；每個人也可以像小草一樣，草有草的柔軟，所以能自在。學怎麼「生」，是自己的事情，這是志氣醞釀的奮鬥。

如果讓腦子乾淨一點，讓本心聖潔一點，讓慾望簡單一點，讓志氣強大一點，讓人性昇華一點。好好「學生」，就能長出自然而然的智慧，做個人哪！並不太難，堅持做自己，就能赤心如鐵。人要比什麼呢？比價值、比尊嚴、比崇高、比正義、比道德、比智慧、比胸襟、比雅量、比視野、比人品、比敦厚、比合群、比犧牲、比奉獻、比高瞻遠矚、比光明磊落、比物我兩忘、比寧靜致遠、比澹泊明志……學生的鑰匙，不就是從自覺到學習的過程嗎？在人性的汪洋中，不要光會讚嘆大海的浩瀚，誰的一口氣長，誰就先靠岸。人性這一口氣，足以氣吞真善美。學怎麼「生生不息」，是人性的功課。

從二〇一四年一月《學生》誕生，創造不可思議的印刷量；二〇一五年三月推出《學生2：溫暖的手勢》，仍然佳評如潮，同樣看到驚人的叫座佳績。連著兩本《學生》叫座之後，開始思考到底有沒有叫好呢？如果只是一陣旋風，那只能算是僥倖，誰都知道很快就會船過水無痕了。可是，《學生1》、《學生2》兩本連著狂銷，贏得讀者的肯定，自忖應該不全是奇蹟的因素。二〇一六年十月《笨作文》問世，仍然由麥田出版，竟然又掀起臺灣作文書從沒有過的熱潮，前三本書分別在短短的半個月到一月之間，就瘋狂跨過萬本的門檻。於是，自信心來了，停產兩年的《學生》系列，大灶再度生火，二〇一八年四月，灶紅了。

*

這是《學生》第三卷，大部分是以二〇一五年一月至二〇一六年十二月，連著兩年在《幼獅文藝．青春點名簿》專欄連載的學生故事為藍本，有的擴充篇幅，有的重新修潤，也有兩篇合併。經過半年的改定與增補，於焉粗成，雖然是第三波，故事的力道不減，情節的尾勁十足。大概只有野人獻曝的固陋，才敢這麼自得其樂，我終於相信老人真的會返老還童。

像球賽開場一樣，我自個兒來給《學生》第三卷，一一唱名：

〈升旗〉，現在稱作朝會。敘寫學校例行的芝麻小事，以深沉的思考，來探索看似尋常的場景，透過不同時空的對照，升旗竟是一種難以言喻的記錄。究竟要從嚴肅的角度來看升旗的神聖性，還是以時代的變遷來研究他的興廢？在中學的操場上有很多種的心情。今年年初（二〇一八年一月二十日）新竹高中取消升旗，這是跨出一大步，還是驚悚的顛覆呢？

〈查堂〉，和升旗一樣，有上課就會有查堂。查堂有查察的意涵，糾察的成分高；現在改說成巡堂，巡邏雖不似查察那麼嚴肅，總是在走廊穿梭。過去查堂的項目，實質上包括師生、教室的課堂秩序；現在的巡堂就必須標榜是校園安全巡邏，連學生都不太能提了。怎麼看校園的遊戲規則呢？

〈兩攤學校日〉，從父母不願同時出席學校日，發現家庭的缺憾。以一家老麵店為故事發展的核心，這裡曾是愛情溫暖的小站，也是母子取暖的祕密基地，更是婆媳正面衝突之所。最後獨子獨孫的病故，夫妻會有復合的契機嗎？

〈後母〉，敘寫複雜而破碎的家庭，後母從尷尬的身分昇華到視如己出的情愫，是本篇最大的轉折。元配、舊小三、新小三之間的波瀾，有很劇烈的椎心之痛。後母概括承受，仍是人性至善至美的光輝。〈媽媽不疼我〉，則是以母女之間的微妙變化做基礎。母親對女兒的放心，有求必應，竟成為「媽媽不疼我」的控訴。峰迴路轉，柳暗花明，疼與不疼，千般難說，萬般難言，做父母真難。

〈叫我最後一名〉、〈過不去的59〉、〈阿彬的英文夢〉，都是記錄學生考試、學習的主題，有阿嬤的老淚、有學習的辛酸、有師生的衝突。故事有血淚、有希望、有突破、也有成功的追尋。〈作弊的理由〉，透過「為義氣作弊的第一名」和「為恐嚇作弊的第一名」，正義與懦弱的對照，反映了學習評量的扭曲與畸形。

〈倒頭栽之土豆茶事件〉，是師生之間的衝突事件。〈霸凌〉，同儕之間的矛盾與不適。霸凌與非霸凌之間，有笑不可遏的弔詭，也有啼笑皆非的嗟嘆。人生於世，很多時候需要有同理心，很多時候更需要有同情心。

〈留校察看〉，記一位行為偏差學生的成長歷程，好不容易撤銷留校察看的處分，最後仍然回到原點——留校察看。突破到蛻變，理解到難解，多少揪心在其中。〈人蔘王〉，敘寫一位僑生，在建中閃亮與黯淡的求學生涯，五味雜陳。最後人蔘王的力量不是靠人蔘的後天滋補，是來自於自己內在生存的能力。〈蹲在樓梯口的大衛〉，記錄一位特殊學生的心理世界，內心深處有不為人知的孺慕之思。

〈我真的自己要買〉，為職場需求而不斷說謊的校友，有他不得不的苦衷。與其說是師生的對壘，不如說是直者與枉者的對話。但是良心的覺醒，仍有可畏的力量。可是，家庭教育和學校教育，在社會習染中，可以一夕瓦解，這真值得我們普世之人深思。

〈藍與黑〉，寫日校與夜校、補校的恩怨情仇，相生也相剋，這是私房的記憶，也是不可說的對峙與裂痕。〈飛來的球禍〉，中學男校的球災，一向頻仍，這些過往的活生生故事，有令人噴飯的，也有教人辛酸無奈的。

〈給我一座墳〉，由於自己的理想和父母的期待存在著強烈的反差，一位建中老學生以激烈的手段，堅持走自己的路。選我所愛，這個志氣高；以死相逼，這個策略不好。

〈喪禮〉，寫一位癌末的女人，為爭一口氣，為爭丈夫權的一段周折。外遇成仇，覆水難收，這是常態的撕裂。這麼一位能為大局著想又不失原則的母親，她願意打開窗子，見窗外的藍天、看頭上的白雲，做出人性的合理安頓。理智中有堅持，沮喪中有堅毅。容忍與不容忍，放下與不放下，是主人翁的糾結與冷靜。

〈江家齊的週記〉，寫一位因家庭失和而休學的學生，為了一張建中畢業證書而復學。家庭的變故，尤其是父親的囚獄生涯，牽動江家齊的學習人生。難以想像的人生角落，埋藏這樣的悲慘與幽怨，更教人不捨的是，江家齊對於漫長的失去，要付出這麼難熬的等待。

〈老趙牛肉麵〉，老趙是退休的老師，飽讀詩書，家學淵源。原來是夜補校教官，後來通過檢覈考試，轉任為國文教師。寫他的熱情，也寫他的孤獨。晚年滄桑，遊居澎湖，賫志以歿，教人不勝唏噓。

〈阿母的腳〉，寫阿母和我，以及她和父親的故事。在我小時候，母親有一雙快如閃電的健腳，追逐擒拿的日子，有好多好多的故事，裝滿我的童年。老年以後，阿母為了搶救中風的父親，從果園的盡頭又拖又拉半哩路，救了老父一命，但也從此傷了她的膝蓋。這一篇就是從母親膝蓋開刀說起的。

〈白鷺鷥開講〉，老曾祖父一生在他水田裡，鋤影、稻影、天影、白鷺鳥影，構成了他的一生。對我來講，他是人生哲學家，同時也是生命哲學家，白鷺鷥的故事，是他最常拿來啟迪與教誨的素材。我以「前山正無雲，飛去入遙碧」為題，作為老同學推理小說家新書的序，就是擷取老曾祖父的教誨。

〈建中這塊老招牌〉，是本書壓卷之作。我以老老師的肺腑之言，以建中畢業三十年級同學會主題——「就是狂」——作為捕捉古早建中人的寫意。透過狂愛建中的宋崗、何國全等校友的義舉，期待紅樓新貴繼往開來，從紅樓老牌匾：「今日我以建中為榮」、「明日建中以我為榮」的箴言，殷殷叮嚀。勗勉紅樓新才子，人人都應扛起建中這塊老招牌。

*

「學生」這兩個字十分要緊，我們卻很少仔細去思考它的價值。

咱們老祖宗的學問，五經之王——《易經》一書的奧旨，就是從生命哲學，發展到

1

陌生的知識

叫我最後一名

春雨來得早，今年見不著黏人而軟綿綿的毛毛雨，倒有幾分春寒料峭的模樣。校園冷颼颼地，大陸強烈冷氣團來襲，刺骨的濕冷，貼在建中斑斑剝剝的紅樓牆上。開學後大考中心寄發成績單，滿級分依然耀眼，只是總人數沒有特別拉開，高三這一邊的教室，就不似往年的激情熱鬧，靜寂得可怕。聽聽那冷雨，今晚的家長會，怕是悽愴幽冷。

表定的流程七點半，才是各班教室舉行的「班級經營」。王光磊的阿嬤，六點鐘不到，帶著兩顆鳳梨從臺南關廟到莊敬樓辦公室來。

「老師，這是我們關廟的土鳳梨，我們家自己種的，真清甜，沒灑農藥啦！若沒棄嫌，你吃看看……」

「謝謝阿嬤，謝謝阿嬤……」她整整多我五歲，老頭對老嫗，都出身於鄉下，談得很自然。

阮孫阿磊，莊腳囝仔，來臺北讀冊，想說來建中會讀得比較好，想不到這三年成績一直都不好，阿磊仔講建中高手如雲，他只有墊底的份。我家沒有電腦，我跟他阿公也都不懂，我們都看不到他的成績，阿磊誠實告訴我說他是全班最後一名，老師怎麼辦？伊沒老爸，老母也回泰國很多年了。我們兩個老的也不曉得怎麼辦才好？阿磊，我的金孫，實在真可憐啦！現在只有老師你能救他了，伊會聽你的話。我子死得早，伊是阮唯一的希望。拜託拜託……

我抽了幾張衛生紙，遞給她，她擦擦阿嬤的老淚。我注視著她，粗糙的臉皮，連眼珠子都是黃黑混濁，皺紋滿布如揚起微波的春水，慈祥得很深刻。淚水像她的人生，精純扼要，再抬起頭，才微微瞧見她鼻頭模糊的泛紅。

等她又露出靦腆的微笑後，我說了幾個故事給她聽：

＊

很久很久以前，我有一個學生跟您孫仔一樣，很聰明，可是，成績一直落在後半段，也跟光磊一樣。那個年代還發成績單，他始終逃不過最後一名的噩運。剛開始他還算樂觀，後來沒起色沮喪得很，最後就很平靜，接受這個事實。

「老師，他媽媽或者阿嬤呢？有沒有來問你？」

他的家人一直都很焦慮，父母都是老師，非常氣餒，也很不能接受。時常到學校來找我開講，後來也漸漸釋懷了。現在是美國知名科技公司老闆身邊的重要幕僚呢！

「那時候一個班多少人？」

「56。」

「現在43，那我孫仔沒輸那麼多！」

＊

我還教過一位很特殊的學生。高一第一次月考，他勇奪全班第一。可是從此以後就不再認真上課，考試也全不放在心上，整天渾渾噩噩，什麼壞事也沒幹，就是不想來上學。爸爸媽媽都是社會名流，非常健康的家庭。喔！對了，他把全部心力都放在社團上，只要是社團的事，他赴湯蹈火，在所不辭，彷彿社團少了他，就要亡社廢社一樣。

成績愈來愈不行，一個階梯一個階梯往下走，高二到了我手上，每天都九點鐘以後才來學校，來了就睡覺。整整兩年，成績統統在倒數最後一名，勉強畢了業。

「後來考上哪裡？」

「重考。」

「然後呢？」

「第二年在家自修，考上臺大資工。」

「因為他第一次就考第一名，底子很好，所以拉起來很快……我孫仔喔……唉！」

*

講一個課業失敗的例子你聽聽，有位高二也是穩居班上最末，他不吵不鬧，不違規也不曠課，就是不讀書。每天來學校像蕩蕩遊魂。老師們睜個眼閉個眼讓他畢業。第二年重考餐飲學院，後來出國進修，現在是臺北某牛排館名主廚。

我覺得他的真正問題是家庭不溫暖，父母不和睦，媽媽和奶奶像結了冤仇，一家五口人分成三國，婆媳見面像炸藥一樣。

「老師，我的泰國媳婦雖然很早就回泰國，可是我們婆媳關係一直很好，她也經常和王光磊聯絡。我跟他阿公用我們的餘生拚老命撫養阿磊，阿公阿嬤帶孫，真辛酸……他只是沒有老爸，我們家沒有問題！……」

＊

阿嬤你不要誤會，光磊可能不適應臺北的生活。他很想考好，可是功課好的人太多，人山人海啊！偷偷跟阿嬤講，王光磊上課常玩手機，被很多老師處分過，都是「愛校服務」啦！掃地拖地倒垃圾，做好就沒事了。

「這個囝仔怎麼變這麼不乖？他三重的姑姑都沒告訴我呢！這樣就是手機仔讓他的功課出事，這我來處理……也不想說阿公阿嬤這麼老了，還這麼辛苦種鳳梨……我會好好跟他講……」

＊

光磊阿嬤，我再跟你講一個故事，四十年前有一位高中生，他也是全班最後一名，高三模擬考有四次，其中三次排名他都吊車尾，一次因為同學生病沒來考，他進步一名。

他爸爸媽媽忙著做生意，成績單也不帶回家。為了紀念聯考剩一百天，全班發憤圖強，大家有志一同，留下來晚自習，他跟同學借了二十塊錢，買了兩碗陽春麵，他也開始跟著留晚自習。

那一晚，他搭最後一班公路局回家，這是他最有自信的一夜。到站下車，整個村子都睡死了，他老爸立在站牌邊，路燈照著他的臉，臉上似乎還掛著淺淺的微笑。父親背對著光，老臉烏黑一片：「都幾點了？十點半了，你是去偷還是去搶？」「我留在學校讀冊？」「你騙鬼仔！」啪啪兩響，打破寂靜，一夜野蛙嚇得忘鳴，「每次月考最後一名，你以為我們都不知道喔，騙誰啊！你騙鬼啊……」四十年後他在父親離世前三個月，笑著說：「阿爸，我高三那一夜留校讀書是真的，你打錯了呢！」「喔！是這樣哦……」

光磊的阿嬤，我就是挨老爸兩個耳光的那個高中生，叫我「最後一名」。我們幫光磊找到人生的位置，比找到分數的位置重要。不中用的鳳梨阿嬤又哭了：「老師，我不會打阮孫啦……」

家長魚貫而入。站上有了歲數的講臺，我這樣開場：

記得某一年的學校日，有一位母親哭喪著臉對著我說：「老師，我兒子從小都名列前茅呢？上學期他怎麼會全班最後一名呢？他怎麼可以最後一名呢？請你幫幫忙……」我這個當導師的都不知道班級排名，不知她在杭州的丈夫從哪裡得來的資訊，也傳來一通微信：「林老師，我兒子班上最後一名，我真的不能接受……」我可以感受到他們夫婦強烈的焦急。

＊

我們學校已經很多年沒有排名了，在座很多家長，每次你的孩子考完段考，經常受到排名的驚嚇，不知你從哪個管道得知的？但是，我必須很真誠地告訴大家：就算建中生過去全都是領市長獎的又怎樣？現在來建中得第一名又如何？……打開中華民族的科舉史，唐、宋、元、明、清，有那麼多的狀元，請問我們認識了幾個？進士就更不用說了。在史書上留名的，都是對時代有偉大貢獻的，不是靠科舉的成績單不朽的，是不是？讀書是學生的責任，理想是學生的志業，榮譽是學生的價值，光宗耀族靠的是立德、立功、立言。成績、分數、排行，可以休矣，我們一起把他們教成一個人，好不好？

高二教室大樓爆笑聲起，不必有的陰霾一掃而空。關廟阿嬤笑得最大聲，我朝他笑看一回。家長會難得這樣的歡聲雷動，可是一想到鳳梨，齒根不覺酸了起來。

原載《幼獅文藝．青春點名簿》二〇一六年四月號

❞ 一叟小語

跨年最後倒數計時，說巧真巧，說妙真妙，剛好整理成〈叫我最後一名〉，心裡苦笑了一陣。送走二〇一七年十二月三十一日，接著就是二〇一八年一月一日，阿Q式的推論，這麼看跨過「最後一名」的下一步，就是第一名囉！哈哈，當然不是，最後一名還是最後一名。但是，勇敢跨出新的第一步，就是「活的人生」，求生求活求做自己，求對得起自己，需要一直跨出人生的步履。

學習快樂不起來的微妙關鍵，就是排名！學習革命的第一槍就是要先革排名的命，說什麼我們都要擺脫名次的陰霾，父母師長要站在脫胎換骨的第一線。第一名和最後一名都有自己的康莊大路，找到了最合自己的尺寸，就是最適當的鞋，穿最舒服的鞋，去走自己最愛的路，就能走出最美的人生之路。阡陌有阡陌的曲徑人生，通衢有通衢的人生大道。當你無喜於考試人生形式上的第一名，同時也就能勇敢無畏於最後一名。堅持確立自己人生最合適的位置，比成績排名的位置重要多了。

關廟阿嬤老倆口自己種的鳳梨十分清甜，一點都不酸。看她昏黃老皺的眼袋，酸；握她繭刀粗糙的手掌心，酸；望她佝僂白髮的背影，酸；想她老邁慈祥的含笑，酸；憶起她唯一寄望的無助，酸。

隔代教養絕不只是辛苦、遺憾、感動、幫助、鼓勵那麼容易就可以說盡，遇到了不幸，只有堅忍，才是真力量。教了四十年書，不管幸與不幸，無論順與不順，哪怕成與不成，我好想對天下尋常平凡的父母和站出來代子代兄代姊代弟代妹養育下一代的真愛，一鞠躬表示敬意。因為我們都懂。

但請記住：盡心盡力就好，每個人都有自己的天，要勇敢交給他，自己有多大，天就有多大。該放手就放手，該放心就放心，真不行，該放長就要放長。

“

過不去的59

松山機場12號登機口的櫃臺服務人員廣播：「搭乘立榮航空8755號班機，往南竿的旅客請改搭13號登機口登機……」一陣騷動，原來自然排好隊，忽散又忽聚，福州口音、福建口音，急促吆喝著。馬祖人特有的靦腆，令人印象深刻，眼前更多的是臺灣去的觀光客。

「……老師老師，我是于天達，您也去馬祖喔？……」

「哇……哇哇，阿達，我達達的馬蹄聲，怎麼這麼巧，是阿達喔，哇啊……」

「老師沒變呢！三十幾年了，太高興了……老師！」他雙手緊緊握著我的手。

「不容易不容易，你人一樣，變成熟了；我人也一樣，變老了。我沒變？不就成了老妖怪了，走走走，上去再聊……」

跟一位大媽換了位置，我們坐定。高中時他留兩次級，轉學，心裡頭不好意思問他現在高就。

「老師我高一讀兩次，升不了級，我就轉走了。」

阿達遞給我名片，某某大學助理教授，我大吃一驚。

「哇，太棒了，助理教授呢！我去東莒演講，你呢？」

「我去南竿開會……老師，當年我連高中都差點畢不了業。」

＊

那是一所有口碑的天主教中學，高一有七個班，高二減為五個班，高三再精簡成四個班，以三年淬鍊的精兵上考場，爭取好的升學率，是那個年代私校的基本政策。聯考失利，入私校就讀，若不趕快回神，就難以應付四面八方的狙殺。操行不好，很快就會走路，抽菸大過兩次、作弊也是大過兩次。懲罰和學費一樣，都比公立多一倍，稍一不慎，就掰掰走人。課業也是八面埋伏，單科39分和三科不及格都得留級。連留兩年，就天留我不留了。

我教過阿達一年，雖然只是他班上的任課老師，卻對他印象深刻。他父親是國術館館長，新北市有名的阿X師，他講義氣、熱情，特別喜歡打抱不平，嗓門兒又大，經常被導師碎碎唸。下課時開口閉口都是李小龍，然後就比劃兩下，前抬腳加一個迴旋踢，是他走廊上的招牌動作，崇拜他的也有人叫他「龍哥」。然而他從不靠拳腳解決問題，問他打過人嗎？他說從來沒有，問他為什麼？他說：「老爸說的練武在止戈為武。」高一勇班的同學就更崇拜他了。

他每天從三重搭「39」號公車上學，絕大部分的學生都選擇「662—三重」「815—三重」，不搭「39—三重」，連其他線轉車也不搭「39—臺北車站」。眾生心中「39」是魔咒，也是永遠的衰數。阿達偏不信邪，硬是天天搭「39」號公車，他「39路先生」的綽號，不脛而走。高一數學「39」分，死當。提到這一段，他搖兩下頭，聳個肩，眉頭皺一下，好像天地共鑑，露出苦澀的表情。

記得初任教職的數學老師教他們班，沒有修教育學分，沒有合格教師證，還是個黑牌教師。但他一切按規矩來，七點半到校，下午五點半離校，毫不含糊，是個稱職的新老師。阿達的數學很阿達，他每天七點二十踏進教室，高一勇班雖然不是直升班，也不是什麼人情班，但那個「勇」字他很喜歡，給他不少力量。每週三的早安晨考——數學小考，跨進教室他總會握緊拳頭，讓五個指頭輪著發出爆米花聲，像1、2、3、4、5答數那樣，連珠炮似地響出，然後走到座位，瞄一回卷子，會寫的寫完，然後就靜靜地玩他的魔術方塊。數學總是個位數，沒幾分。跟他同病相憐的，還有肢障的「饅頭」，饅頭缺乏自信，英數也都不好。坐在最後一排後門邊的阿達，十分清楚數學小考，是作弊最嚴重的一科，饅頭和他是少數堅持做自己的學生。

「老師，數學不好我沒話講，看老師能不能給我其他補救的機會，讓我40分，不要39死當。」阿達在第一次月考13分之後，主動跟老師打交道。

「該怎樣就怎樣，不過特別認真我會加分，你13分很危險，要加油。」

「那饅頭……就是29號王依文，老師可不可以給他機會，他很可憐……」

「你自己都泥菩薩過江了，他是他，你是你。自己的數學自己救！別充英雄。」

「老師，饅頭考試都沒作弊。」

「沒作弊是應該的啊！」

「可是很多人作弊啊，我們導師沒抓啊！這樣不公平……」

「一碼歸一碼，懂嗎？自己先求自己用功，阿達。」

第一年阿達三科沒過，數學39；饅頭數學40，不少考試作弊的都及格了。返校日，教務處公布欄公布，阿達等直接留級，第一波砍了三十幾人。其他很多人還要拚補考，只能有一科紅字，不及格的那一科必須40分以上，才能升級。阿達率先陣亡，他到辦公室向數學老師求情。

「老師！饅頭他家還有一個智障的弟弟，給饅頭一個機會」。

「就照規矩來吧……」

補考英數兩科都沒過，饅頭和阿達一樣，都走上留級的命運。

＊

湊巧又編在同一班高一智，導師就是去年的數學老師，他姓許，第一次兼導師，鐵血管理，同學給他取許不了（苦不了）的綽號。徵得老爸同意，饅頭住他家，並且請了大學生當一對二家教。兩人慘淡發憤，相濡以沫。饅頭的課業頗有起色，統統是藍字。阿達花了百分之八十的時間搶救數學，然而都在50左右上不了60，最好的一次月考成績只有58分。饅頭和他是左右鄰兵，總是千方百計將答案卷推向右邊給他看，阿達告訴饅頭，他媽媽病故前只留一句話：「要留清白在人間」，始終不為所動。

五月初，校長室來了貴客，阿達的國術冠軍老爸是家長會常委，關心兒子的升留級，由會長作陪，拜訪校長，阿達渾不知情。關說的人群一走，祕書馬上請許老師到校長室，校長當著「許不了」老師的面說：

「許老師，你班上的于天達，已經留級一次。高一數學39，于常委很焦慮，你看看有什麼訣竅，讓他把數學考好。可以及格就給他及格，不能及格最好打58分以下，不然很尷尬……好吧！」

「我會努力，但不會循私！謝謝校長。」

高二讀完，饅頭升級，阿達英數兩科都是59。

「天達你進步很多，校長有轉達你父親的關切讓我知道。但是59就是59，補考再加把勁兒，你一定行的。」

＊

「阿爸，你幹麼去關說？阿母生前常說求人就矮人一截，男人要有骨氣。你這樣我怎麼抬得起頭來，我怎麼待這所學校，這樣『苦不了』會怎麼想？人家是好老師呢……怪不得阿母說你四肢發達……」

啪一大響劈下，結結實實的紅掌浮現，門口鎮館的關刀晃了幾下。接著是老父一陣粗暴的痛斥……

阿達堅持不肯參加補考，輔導轉學，仍然是三重附近的私立中學。許不了沒拿到續聘，聽說後來轉入補教界。

＊

飛機正在迅速往下降，馬祖地標如白玉般的觀音大士，隱隱約約看得到。

「許老師影響了我的一生，後來我在大學任教，也是59就是59，不管學生什麼評鑑不評鑑？」

「你比我行。當年我給你60，下不了手呢……」

「哈哈哈……謝謝老師啦！不過，我會補救成績爛肯用功的大學生，私底下指導他們，搞到會為止，會了就及格了。現在學生程度很不行，我們招生也很困難，每個老師都要負責招攬呢！」

「了不起，了不起。要跟阿達學習……」

「我們臺北見了，……」

飛機穿雲而下，兩個大轉彎，南竿機場就赫然在望，扣環解下，起里卡拉，飛機內窸窸窣窣，一樣的福州鄉音、一樣的福建鄉音，嗓門倒是大了起來。

原載《幼獅文藝・青春點名簿》二〇一四年十一月號

”一叟小語

從過去到現在，60代表藍色，就是及格；59代表紅色，就是不及格。一分之差，就是天堂與地獄之別。59分以下，統統都是紅字，交通號誌紅燈禁止通行，考試成績紅字也無法過關。

當年我在這所學校教書與一位數學老老師談得來，我們中午都會在教室大樓，一間隱密而不公開的休息室睡午覺，久而久之，結為莫逆。他講過一個親身經歷的笑話給我聽。他曾經在一所偏遠地區的高中教數學，有一位知名女藝人，當年是他的學生，某一次段考成績改出來，這位女明星得了59分。她吵著老師給60分，他硬是不肯，要她更努力，下次就會更好了。

沒多久，這位後來紅遍半邊天的大明星，拿著另外一位女同學的試卷到講臺前和他理論，「老師，我和她錯得都一樣，為什麼我扣三分，她扣兩分。」數學老師急著說：「她的字比你好看！」大明星學生怒氣沖沖地說：「我看是她人長得比我好看吧……」數學老師一個巴掌飛過去，還是59。多年以後，數學老師頗表懊悔。

在分數的「通融」與「堅持」之間，要怎麼拿捏？從學習面看，平常的評量可以多一點鼓勵；但從檢驗面看，中考大考的成績一翻兩瞪眼，無情的現實豈止是一個慘酷了得！這樣看，「59」與「60」，一分之差是有它的嚴肅意義的。也就是這兩個思維的差異，要從寬？還是要從嚴？老師、學生、家長，其實都應該有兩極的心理思考與面對。「現實」想清楚，就實際了；「實際」鞏固了，現實就不怕了。積極的壯大自己，不斷的突破與超越，「59」與「60」，對學習而言，就不是問題了，因為「59」與「60」，其實都是自己的事。

作弊的理由

近來一部以作弊為主題的電影——《模犯生》，十分吸睛，紅樓才子們沸沸揚揚地討論著。《模犯生》夯進老夫的耳內，下課上網查了一下，不得了！竟是臺灣有史以來最賣座的泰國電影，其中作弊的主角，竟是全校第一名的天才。

只要有考試，似乎就免不了有人作弊，理由雖各不相同，但行為卻是一致的。有人成功，有人失敗，有人作弊一時，有人作弊一世，林林總總，不一而足。看來「作弊」永遠是各國校園的問題。

《模犯生》的作弊情節，成為校園內最熱議的話題。記憶中，有兩個同樣是班上第一名的作弊故事，突然從腦子裡跑了出來。

*

為義氣作弊的第一名

週五班會課結束，老師都在辦公室聊天，歡度週末的笑容綻出，杏香盈室。年輕的數學老師客氣地立在一旁，手上抱著牛皮紙袋，有些為難的眼神望著我說：

「大老，不好意思打擾您，借一步說話……你們班好像有人集體作弊……教室右上角靠窗那一區塊四個人有作弊的嫌疑，四個人坐一起，座號不是連號，但是錯的答案都一樣，我想了解一下。林老師我怎麼著手調查比較好？我方便找來問嗎？」

「方便方便，沒問題。不過，嗯，小老弟，我建議讓我老人家先試試！」

＊

經過兩天的沉澱，我把「廉恥」那一課，提前到禮拜一上。

我在黑板寫上大大的「廉恥」二字，然後嚴峻地對著全班說：

「尋常的數學小考，竟然有同學作弊……」

「學生來學校學什麼？第一順位學做人，懂嗎……」

我憤怒的眼由右至左，緩慢而沉重地掃一遍、兩遍、三遍、四遍……眼刀鋒利像一把把鐮刀像一陣陣烈風，殺氣沸騰，似將迸裂；教室凝結成冰山凝結成寒雪，氣氛扭曲變形。我一句話也不吭，最後一道弧形如扇的目芒剛好掃到盡頭，鐘響了。

「這件事我很生氣，作弊的同學，下課十分鐘內發簡訊給我，沒事。我要你對自己誠實一次……」

說完轉身就走，故作從容往辦公室走去。自己班的建中才子集體作弊，當什麼狗屁導師，自顧自狠狠罵自己。手機震動，一通、兩通、三通、四通，天啊！簡訊一直進來，如地動如山搖，如天崩如海嘯，走廊越走越深，一團黑像烏雲罩來，看不見底的山洞，深深邃邃。我搖搖欲墜，一口氣上噴，心頭冒煙。

坐定，手機報數：「1—2—3—4—5—6」，六條漢子銜著廉恥而來，慷慨自首。數學老師舉發的四個人，竟然都沒來電。

再上講臺，我兩個拳頭比心頭還緊，磨牙切齒，我的雙目稜稜如閃電。

「撥手機給我的，沒事了。這種事要戒掉，還給自己的聖潔一個公道。」

「還有人，還有人……知恥近乎勇，懂嗎……」我的老嗓音拉得很高。

「給自己勇敢一次！十點到五點放學，我都在辦公室，手機等你……下課！」

「下課」話才一出，感覺教室吐了一口氣。

＊

五點一到，學生如蟻族，散出。四個人全沒來，數學老師的牛皮紙袋在我桌上一隅，不想打開，我沮喪的是：其中一位是全班第一名，乖巧懂事，循規蹈矩。我坐在位置上沉思，為我的身教瓦解懊惱不已，心想幾十年白混了。

天漸漸昏黑，等明天再說吧！光明比較好思量。我走出莊敬樓三樓，樓梯口第一個轉角，全班第一名的張俊榮，靠著牆，木然獨立。

我跟他揮了揮手，轉了半層樓梯，忽然——他小快步急趨而下。

「老師……」

「嗯，別跑，摔了——就麻煩了……」

「老師，我也有。我答案給毛駍看……」毛駍就是黑豆仔。

「給幾個人？」

「我只給他。」

「你再想想……」

「就他一個，我把答案卡移到左邊給他看。」

＊

「俊榮，來！我跟你說說話。」他顯得不自在，一對耳垂紅得像熟透的火龍果。

二十幾年前，那時候有嚴格的留級制度，有鑑於少數學生考試作弊，建中強力推出試辦不同年級混班考試，全校譁然。老師反對，學生抗議，建青寫文章批判。最後，建青倡議建中大學化，班聯會發起全校性榮譽考試，班長拿卷收卷，不要老師監考。看看你們學長多大器啊！你是班上第一名，不只是要做示範，還要做典範啊！考好試是你們的榮譽，教做人是我們的責任。你怎麼可以陷自己於不義呢？老師很失望呢……考試作弊實在很沒品呢！建中的呢……

「老師，聽我說。」

他時而慷慨激昂，時而平靜如水，像個老練的琴師，要高山就能高山，要流水就能流水。

給「黑豆仔」抄答案是不對的，我願意承擔，你處罰我沒話講，可是我真的只給他看，而且是我主動給他看的，不是他要求的。老師，他是體保生，他是拳擊第一流的高手，老師您知道他留過一次級，現在還是高一，還有高二、高三，依目前這個狀況，我看他是畢不了業的。

「你的觀念不對！價值觀偏了，你這樣是害了他……人品是人的根本價值……」我插話，嚴正教誨的話，一股腦兒全出。

他不應該來讀建中，體優保送才是真正害了他，這是黑豆仔親自說的。他是拳擊天才，可是這裡不是他的天地，他本來就不是靠2B鉛筆吃飯的。老師他過得很辛苦，英數理化完全不行，我給他看的科目不是只有數學，英數理化都有，他明年要轉去高職，那個學校有政府計畫培訓的拳擊隊，他的隊友全在那兒，我要幫他撐過這個學期，半年後他就出頭天了。老師你不是說「鳥要在天上飛，魚要在水中游」嗎？建中有拳擊訓練的完整設備嗎？功課他又不行，這不是要讓他死在這兒嗎？我願意接受處分，希望老師放過黑豆仔，至於另外兩位同學為什麼答案會跟我們錯得一樣，這我不清楚。

＊

「老師對不起，雖然做錯事，但我不是懦夫，我是怕牽連到黑豆仔，毀了他。」

「俊榮，我肯定你的俠氣、義氣，有同理心、有同情心。是個壯士、是個男人。但是違反校規就是社會上的犯法，江湖的東西只能在江湖耍，以後不要幫助他考試。讓我反映給校方以專案來處理，你不能再幹這種傻事，這也不是真幫他對不對？」

「今天讓你生了兩堂課的大氣，很不好意思！」

「黑豆仔的事，我來處理。告訴他盡量讀，別洩氣……」

多年後，這個第一名在捷運東門站電扶梯上，摟著女友與我巧遇，看到老夫，除了熱情招呼，臉又紅了，我想告訴他，「你的女朋友，很正！」

＊

為恐懼作弊的第一名

楊雄的個人資料紀錄，他高一是班上第一名。第一個禮拜改了他的週記，心裡頭莫名悲涼了起來。

我的名字和漢朝的經學家揚雄只差一個字，我叫楊雄，楊是木易楊。我是外地生，家住嘉義民雄……初中我讀某知名的私立學校。初二上學期結束，上完寒假輔導課，父親開車接我回家。等紅燈時，就在馬路上，老爸要看我的成績單，赫然發現是班上第二名，一隻火紅的巴掌劈下。粗魯的『幹！』是驚悚的音效。從此以後，第一名成為我的需要。我什麼都不想，只要第一名。可是我追求第一名並不是要快樂……

他真的什麼都不管。沉默寡言，沒有談心的朋友，不玩社團、不熱衷班務、不參與任何課外活動，頭永遠是低低地，即使上司令臺領各班第一名獎狀，他還是頭低低地，一句話都不吭。看不出他的喜怒哀樂，永遠是一張看不到底牌的撲克臉。

合唱比賽分部練習，他請假去市圖讀書；英文話劇比賽，他不接受編劇的職務，有些同學忍不住公然開罵：「第一名有什麼用？他是投機第一名啦……」、「什麼活動都參加，還能得第一名，我就服他！」更可怕的舉發，一件接一件，出現在週記，都是「第一名作弊」、「老師他作弊」、「考試作弊誰來管」……所有的箭靶都指向「經學家楊雄」，班上的氛圍十分詭異。

「老師你敢辦他，我就服您。老師他大大小小考試都作弊……」

這一句話，讓我子彈上膛，老肩上扛著一支槍，決定讓子彈飛。

＊

楊雄是不是如同幾個揭弊者的陳述，無試不弊？改完週記後的第二天英文小考，我決定探個究竟。我改變平常上課走路的路線，先從三樓走到盡頭，再下樓梯，左拐第二間。國語實小的嬉笑聲正高潮，比夏蟬還烈。取下老花眼鏡，湊近透明玻璃，第三排倒數第二位的楊雄，端正坐著，沒有任何異狀，倒是另有作弊的同學逃不過我的法眼……楊雄正襟危坐，毫無異狀，看來是同學陷害……

正準備掉頭回辦公室之際，隔著窗子忽焉瞅見，隱隱約約地，他靠在桌面上的左手肘輕輕向左翻轉，左手大拇指往外豎起，有點小的頭微微偏左。我像柯南大偵探一樣，臨深履薄，輕推後門，走到他右後方，我輕輕碰一下他的左手大拇指，四眼對視，然後隨即離開他身旁，沒有人見到我們一瞬間的互動，我眼睛的餘光向他掃了一遍，他的頭低得更低了。

我走出了教室。陽光有點刺眼，第一名是標竿，模範生更要模範。想到我輕輕扣下他左大拇指那個畫面，楊雄讓我傷透了心。

＊

他主動來辦公室找我，第一次看到他頭抬這麼高。

「過了就算了，老師不追究，你自己要追究……沒事沒事。」

「老師，我可以跟你說幾句話嗎？」他噙著淚坐下，停了幾秒鐘。

老師，我作弊就是不對，踐踏自己的尊嚴，老師應該好好處罰我。雖然沒有作弊，我還是會得第一名，可是從小開始我就怕不是第一名。我不是好勝心強，也不是輸不起。如果我第二名，父親就會對我拳打腳踢，母親為我多說兩句，也會遭到波及。

（楊雄忽然大哭……其他老師們的眼神全過來了。他邊抽搐……邊泣訴……）

初二的那個寒假，是我最後一次第二名。聯考不算，我每一次都要第一名。

我的父親從我出生開始沒有上過班、賺過錢，他是知名大學商學院碩士，第一個工作，做不到一年。因為課長的新職務爭不過新來的小伙子，氣不過，從此失業在家。媽媽在影印行打字賺錢養家，父親買菜煮飯，打理家裡的一切，他特別重視我的成績，小一第一次考試得了第一名以後，我就沒有快樂的時光。沒有第一名家裡就會起一次革命。所以求學生涯，我只有一件事要做，那就是第一名。媽媽擔心家暴惡化，經濟再怎麼困難也要把我送去私校，一個月回家一次。

到建中後，任何的考試我總是害怕不是第一名，除了怕惹父親生氣以外，我希望每學期都能領最多的獎學金貼補家用，我媽媽很可憐。老師我錯了，真的錯了……

「楊雄，老師對你了解太少，很對不起。剛剛那輕輕的觸碰，你一定很受傷。」

「老師不會不會……」

「重新來過，作弊永遠不能解決問題。再好的理由都不能作踐自己……」

我摸摸他的頭，他知道我的意思是：「沒事沒事。」

後來，楊雄家的問題仍在，他也還是害怕不是第一名，但上課不再低著頭，腰桿也打直了。偶爾，他的嘴角也會泛出一絲微笑，最難得的是，即使恐懼的陰影仍然籠罩著，他真的不再作弊了。

一叟小語

從小到大，在成長的歲月中，我們都有可畏可怕的考試人生。有人考試就會有人作弊，作弊這檔事，是良心與私心的交戰，也是渴望到慾望的推升。需要和有用，成為作弊合理化的藉口，道義與友情綁在一起，同情和規矩混淆不清。人品與人情變成兩難，校規與友誼，每考一次就拔河一次。

阿榮和黑豆仔，一個是數理資優生，一個是體優生，很荒謬地分在同一個班級。阿榮同情黑豆仔，以義氣相挺，源於人性的可愛，這是善良；數學老師追查作弊的行為，源於校規的秉公處理，這是正確。在「正確與善良」之間，要怎麼拿捏？情理法之間如何做最妥當的處理？你要選擇正確嗎？還是要選擇善良呢？正確與善良之間，還有一種元素，叫做「智慧」。人生沒有想像中困難，也沒有想像中容易。與時偕行，不與時偕極，我們老祖宗還有文化上的解藥。

楊雄追求第一名的理由，並不是順理成章的好說法，悲涼比同情成分要高一些。第一只有一個，個個都要搶先，當每一種競技的結果出來，第一名的光環是大家羨煞的勝利，然後其他人只有繼續奮鬥這一條路可以走。讓每一個人追求能力所及，努力去找自己最好的場域，這樣，做得到的奮鬥，才是愉悅的園地。

究竟怎麼樣讓我們不用作弊去面對合理的檢驗與考查，是教育家應該想到的問題。學習如果真的能夠建立健康自然的普世價值，其實就不會讓學生經常需要在志向與慾望中拔河。為了第一名的神聖性，動輒拿人性、拿良知、拿道德，作為規矩的防堵牆，這樣是不是太辛苦了？

“

阿彬的英文夢

「瀋陽故宮是中國僅存的兩大宮殿建築群之一，距今四百多年歷史，是清朝初期努爾哈赤和皇太極的故宮……」

地陪滔滔不絕，阿彬跟在地陪之後，笑著打岔說：

「臺北也有故宮呢！我老師從臺北來，別少說了。哈哈哈……」

「海峽兩岸有三個故宮沒錯，我剛介紹的是兩大宮殿建築群，沒說錯……」

「是是是！你沒說錯，我聽錯了……哈哈哈……」

阿彬，是我建中的老學生，他旅居瀋陽多年，我只教他一學期。知道我來瀋陽講國學課，放下他的英語培訓（補習）班，陪我。當年英文很破的他，竟然成為內地大型英語培訓班系列的大亨。

「阿彬仔，你把英文搞得有聲有色，大江南北都有你的分店，簡直是康師傅的翻版呢！」

「我是一步一腳印，跟老師一樣，你六十歲才來內地講課，我們都不是康師傅啦……哈哈哈，不是『企業家』啦……」

阿彬高二讀完，辦休學，二十年沒消沒息。

＊

有一年暑假，我受邀去北京國學講座，講完《大學》重感冒，仍直馳山東泰安，第二天爬泰山，老人家我病懨懨地，有氣無力，舉步維艱，像半個死人，走一、二十階就停下休息。

「老師老師，你是臺灣的林明進老師嗎？沒錯喔！我是陳文彬啦！算是您學生啦！……我陪朋友來泰山玩啦！真湊巧……」

一個肚子凸得很厲害的男人，快步走到我面前，取下鴨舌帽，眼睛睜得大大的，炯炯有神，對著我高興地傻笑。連爬泰山的路上都碰得到學生，我也傻笑了起來……

「阿彬喔，喔，我記得記得……好久好久了……對不起，好喘！坐一下坐一下。登泰山而小天下，真陡，好喘啊，死泰山……哈……」

今年我在漢口往瀋陽的高鐵上，撥手機給他。

＊

那個年代，建中的一類組，俗稱社會組，有極少數是國四班重考上來的，功課欠佳。阿彬就是永遠墊底的悲劇英雄，高一倒數第一，高二上二類組最後一名，高二下轉一類組，班上成績的位置仍然一樣，我是他國文老師兼導師。

功課沒起色，他高二下轉入我班上，上學遲到、上課睡覺、午休曬太陽、下午繼續睡覺，很少跟老師教官特別打交道。但人人知道他是武林至尊、跆拳高手、形意拳也打得好。校內從不滋事，也不恃強鬥狠，偶爾校園有紛爭，只要他出個面就解決了。對我來說，阿彬一直是個謎。早自習考試，他不寫；放學考試，他不考。平常跟同學說不上幾句話。

「爸爸的資料怎麼都是空的？」

「不方便講。」

「媽媽養家嗎？過得去嗎？」

「她養家，其他不方便講！」

「喔……」

＊

有一次，臺北高中籃球聯賽在建中舉行，我們班是體育老師組織起來的啦啦隊，特別帶勁兒，為班上的校隊「阿奇」加油！從一路落後到拉平，最後鐘響前「阿奇」一記超級遠的三分長射，「進了！」最具冠軍相的某私中，眼睜睜看著「阿奇」應聲入網的最後一球很不滿意，最後遭逆轉很不能接受，對班上鑼鼓喧天干擾比賽的大動作很有意見。第二天中午從側門爬牆進來找碴，要「帶頭的」道歉，而且要敬一條三五牌洋菸，不然後果自負。同學們不是直奔教官室緊急通報，卻逕自去找曬太陽的「阿彬」求救。

「臭頭彬仔，趕快到班上，〇〇學校落人來班上，說要討面子，又要道歉又要敬菸，又要我們腳手要顧好……」

報馬仔第一時間找到陳文彬，一口氣把話說完。阿彬慢條斯理地走進誠正樓一樓轉角第一間的偏僻教室。四位小混混，都穿便服立在走廊邊，知道是臭頭彬仔，一句話也沒吭，清一色，流氓的眼神。阿彬走過去，拍了拍其中一位的肩頭。

「不是建中的喔……爬牆對不對？我最討厭爬牆的人了，沒格調，沒規矩，想破壞建中名譽是不是？……打輸了，輸不起喔！」

每說一句踢一腳，四位「豎仔」，摺倒的摺倒，抱腹的抱腹，那位唆使的主謀，早已逃之夭夭，溜之大吉了。

臭頭彬仔的「英雄」事蹟，一下子就傳開了。打架的事很快結束，所以沒事。

＊

高二下第一次段考成績，阿彬還是不佳。說巧不巧，除了英文不及格，其餘各科都是六十分。英文老師羅大哥發英文卷，他依然趴著假寐。全班只有三人不及格，阿彬只得了35分。曾經是補教界名師、叱吒一時的羅大哥，當著全班的面，冷嘲熱諷一番。阿彬仍然趴著不抬頭。

「現在大哥都會落英文，英文不好還睡懶覺，文彬兄，這樣是當不了大哥的！」

「陳文彬起——來——，別裝了，再裝就不像了。有好拳腳，英文也要行，才有世界觀啊！」

「黑道在臺灣沒出路呢！起來——起來，小心我揍你……」

「幫媽媽賣菜，偶爾也用得到英文啊！……」

羅老師自拉自唱了半天，連著叫他幾聲，他始終趴著不應。咯咯咯響的皮鞋聲，從講臺響了下來，像電影裡的德軍軍官，嚴肅威武。「咯咯咯……咯咯咯……」

「我又不是今天才認識你……英雄不怕出身低……賣菜的也可以出頭天……」

英文老師伸手撥了阿彬兩下頭。阿彬猛地立起，一對發火的眼睛射出電光，雙拳揮出，像葉問的短拳霹霹霹，如雨點，如劍影，如刀光，如槍林，危險的年紀、危險的怒火，迸裂，綻開。

「你幹什麼！你耍流氓喔，你幹什麼……」

羅老師也出手了，沒人敢勸。

「我不要去你那邊補習……」

「我沒有要你補習啊！沒有……」

退守走道，退守講臺，一路從教室打出，戰火伸及走廊，一個側踢，羅大哥踉踉蹌蹌。

「我一定記你大過，你太過分了……」

「你可以罵我，不可以羞辱我母親！」

「我沒有啊！你上課睡覺，天天睡覺……不聽課……」

「『賣菜的』，就是羞辱……你他X的，國中補你三年，還要我補……」

「……陳文彬……」

「你兒子英文比我差……」

「那是我家的事……」

「你家的事管不好，也不要管我家的事……」

教官們全衝了出來，拉開雙方，彼此臉、手都受了傷。陽光炙燒，照得分明。

「我發誓一定開一家比你大的補習班……」

阿彬被架到訓導處，怒聲淹沒，教室內一片死寂。

一週之後，羅老師記過一次，阿彬記大過兩次。

*

我高中輟學，當完兵後，叔叔帶我到上海做生意。後來我在英語培訓班做打工小弟，因緣際會，我在寧波開了第一家英語培訓班，機會好，就做起來了，我的英文還是不好。哈哈哈⋯⋯

我的英文班所以有口碑，是我成立輔導網，學習不佳的追蹤、輔導、安慰，拜訪家長，和學生打成一片⋯⋯我是拿我自己的學習經驗出發，當時太叛逆，很對不起羅老師。他兒子也愛玩！

「羅老師呢？」

「他退很久了。退休後，名正言順地在臺灣開英文家教班，曾經大紅大紫，後來他兒子把他拖垮了。賭錢，借高利貸，他一生所有的家當全賠上了，現在在養老院。」

「他不知道他兒子『老鼠』是我國中同學，跟我玩在一起，功課差，英文特別差，後來交了壞朋友，比我還壞的，哈——。羅老師再婚後，他更不讀書了⋯⋯」

「這一段我不知道。」

「年底回臺灣，老師帶我去看他，好嗎？⋯⋯高二下那一次衝突，我不應該那樣對待他，我是流氓、暴民，當時太自卑了……」

「你留察是校務會議時，羅老師幫你說項才保住的，不然你就退學了。可是你也沒再回來，他白幹一件好事。呵呵，這一段你不知道……」

「慚愧慚愧，謝謝羅老師，真對不起他……」

「不會啦！他很講義氣啦……」

「瀋陽北陵也叫做清昭陵，此陵建於一五七三年，這是清太宗皇太極和孝端文皇后的墓，那邊橢圓型的墓，上頭有一棵榆樹就是……」

我們到了皇太極的墓園，往前看，依稀彷彿還看得到皇太極碩大雕像的背面。

「老師，我的英文夢完成了！」

「阿彬，老師的國學夢才開始呢。」

「我蓋個講堂給你講課啦……哈哈哈……」

原載《幼獅文藝‧青春點名簿》二〇一五年九月號

” 一叟小語

師生衝突，衝突出一個美麗人生。當年一位國四班考進建中的學生，年紀比一般學生大兩歲，由於功課不佳，家庭生活面又很複雜，臭頭彬仔大哥的型就出來了。難得的是，他不在學校惹事，校內有人惹了事，自然就有人會請他出面，他不需要敬菸，也不擺架子，特殊圈圈的學生既怕他又敬畏他。一個很特別的高二生，讓我記憶非常深刻。有違反生活常規或作業遲交的事找他說話，他總是笑笑地回答，話很少，不大願意跟你多說。

下課他總是先到母親賣菜的黃昏市場，說是幫忙，根據同學的說法，其實是保護他母親。他老父死得早，母親從不正面告訴他父親的死因，有一次，帶他大陸發展的叔叔，多喝了兩杯，將亡父遭人圍殺，死於菜市口的往事，一五一十跟他說了。臭頭彬仔答應叔叔不走黑道，他認同黑道是條不歸路。但他的樣子總是陰鬱不開，眉頭緊得慌，輔導教官、輔導老師很注意他。後來賣菜的老媽生了一場病，決定收了菜攤，回嘉義鄉下娘家。叔叔生意失敗，他書念不下去，當完兵，索性就一起去大陸發展了。

青春狂放，那講義氣的歲月，其實也正是意氣用事的年紀，怎麼看臭頭彬仔都是危險值高的個案，至於校外打架滋事，都僅止於傳聞，詳細情形我一無所悉。平日不容易連絡上他的母親，連絡上了她那慈祥的老母總是啜泣在先，然後不斷地重複說：「他從小沒老爸，請老師多多照顧。」爬泰山那一段路，是我們話講得最多的一次。一個最痛恨英文的學生，竟然以英文補習班為業，而且事業搞得很大，難道「我發誓一定開一家比你大的補習班……」是唯一的理由？

2

生存的能力

給我一座墳

記得這是前些年的事兒，開春不久，網路上不斷地廣告，歐洲知名的交響樂團來臺巡迴演出，比較特殊的是結合臺灣本地弦樂團，全是首席樂手。音樂對我來說，是個陌生的領域，我並沒有特別的關注。

有一天接到一個驚喜的電話。

「老師，我是孫鐵志，記得嗎？您的不肖學生，下禮拜五晚上，在國家音樂廳有交響樂團的演出，現在改名孫遠志……還在建中嗎？我過兩天親自送票過去。」

「喔！孫遠志，就是孫鐵志喔！遠志，哈哈！非常中藥味。馬路上插滿交響樂團的廣告，太恭喜你了，鐵志。你怎麼知道我的手機？」

「班長給我的，他們都會去……」

「太高興了，一直沒你的消息……還以為……」

「老師，謝謝您的幫忙，關鍵的那一次聚會，感動了我爸媽，我才有今天……」

「見面談，見面談，爸媽去嗎？」

「去去去，謝謝老師。」

「後來就沒有你的消息了？你有出國嗎？」

「一年後，去奧地利，也去法國，也去義大利，讀音樂……」

＊

鐵志從松德院區轉到臺大精神病房第七天，我和鐵志母親約在臺大醫院舊大樓門口。多年前大考學測，鐵志聯考失利，並且大爆冷門，只考了72級分。北聯多次模考都名列三十名內的他，十拿九穩變成馬失前蹄，竟然上不了父母期待的醫科。上臺大工學院不久，精神失能，開始就醫。我是他們班國文專任老師，有一天，鐵志媽媽緊急來電說他兒子希望跟我見面，談一談戰爭的話題。

「戰爭的話題？天啊！真的是病了。」

走上二樓，轉角第一間就是孫鐵志的「練心房」，四人一間，他在最裡頭那一床，雙手固定在病床上。來回踱步，昂頭向上的那一位，年紀稍長；另一位低著頭，拚命背英文，手心手背寫滿了密密麻麻的英文單字。第一床空著。鐵志乍看上去，沒有異狀。我們對看了一會兒。

「昨晚好嗎？」鐵志媽媽握著他一直想尋死的那雙手。

「我想回家，……這樣我會死得很慘。戰爭啦！戰爭啦！……」

鐵志媽媽兩道淚水倏地迸下，哭聲不出。

印象中鐵志彈得一手好琴，一年一度的傳統班級大賽——建中合唱比賽，鐵志是他們班伴奏。在他手指間黑白鍵如旋似轉，像長方形的陰陽，左往右來，身體是靈動的舞者，跳啊舞啊，琴韻在奔流，琴者在陶醉，鐵志一上琴臺，瞧他的模樣，本身就是一首美的旋律。他木訥寡言，琴聲是他的輕歌細語。他的母親也經常以此為榮，學校日她曾自得地說：

「醫生很多都是藝術家，會畫畫、愛音樂、能寫文章的比比皆是。」

「我們家阿志立志要考醫科，請老師多多加強他的作文，醫科一分都少不得，多一分就多一分的保障。」

醫生媽媽生醫生兒子，是順理成章的事。

打從高一第一次段考起，他就穩穩找到自己分數的絕佳位置，始終是同儕間羨慕的頂尖高手。高三學測模擬考一開跑，鐵志更是一鳴驚人，一步就衝到北模排名最前頭的領先群了，羨煞多少紅樓才子。鐵志總是不太說話，當家長跟著高三人而忐忑起伏時，鐵志的娘是最淡定的媽。最後一次模擬考更是漂亮的一仗，該寄予厚望的父母師長都讚個沒完，作為醫生家庭的兒子，鐵志仍是醫科的標籤。

考完大考，他不對答案、不跟同學鐵騎環島、不看電影、不聚餐、不打屁，鎖在自己的斗室中，琴韻緜渺，神遊莫扎特、貝多芬、蕭邦，與外隔絕。琴音不斷，苦樂難抒。誰知榜單既出，他只考上臺大工學院，醫生父母錯愕，出乎眾人意料之外，鐵志無語。那個酷暑，他一個字也不吐，醫科遺失了。讀了一年，精神病發作，抑鬱失志，當不了醫生，倒去看了不少回精神科醫生。

拉了椅子，坐在床沿，我示意將鐵志的雙手鬆綁，這樣不好。

「老師，還是綁著好，有一股力量逼我，還是綁著好……」鐵志說。

「我們來談談你的戰爭觀。講中東、車臣，還是北韓……」

「老師，中唐有一首詩〈隴西行〉，下場怎麼這麼悲慘，為什麼作者不給戰士和閨婦一個機會？」

「什麼攏死刑？……」鐵志媽媽問。

「鐵志媽，我跟鐵志正在討論生命議題，你去幫我買杯黑咖啡，我們需要三十分鐘……」

「好……好……」鐵志媽帶著驚訝的微笑，走了出去。

我悄悄鬆了他一隻手，他手馬上比劃起來。

「『誓掃匈奴不顧身，五千貂錦喪胡塵。可憐無定河邊骨，猶是深閨夢裡人。』是這一首吧！這是一首反戰思想的詩，中唐陳陶的名作……」

「老師，我想知道的是，為什麼陳陶這位大詩人不能有骨氣一點？讓我們有更陽光的可能，一定要一堆白骨在江邊嗎？一定要獨守空閨這樣無助的下場嗎？……」

「這首〈隴西行〉，充滿著無奈與對時代的憤懣、怨懟……」

「老師，詩只能用這樣的方式表達悲情嗎？詩人自己不能壯烈的死亡嗎？不能抗拒戰爭嗎？老師，如果是你，你願意去參與等於去送死的征戰嗎？為什麼一定要跟著別人安排的路走一生呢？」

「鐵志，換個方式來思考。你讀這首詩究竟看愛情？看戰爭？還是看人性？……讀完這首詩，你用現代的觀點，你用你的理解，給這首詩下個新的題目。」

「〈給我一座墳〉。」他不假思索的回答。

……

「老師，其實我沒有考壞，我是自然科、數學科，後面幾題故意劃錯卡，題目我都會寫。我就是不要讀醫科，我們家已經有兩個醫生了，我想到美國紐約讀音樂，我要成為音樂家。爸媽不肯，我也不肯讀醫，他們的眼神好像一直都是：我不讀醫，就要死給我看……老師你覺得我有病嗎？……」

「你差點就沒命了，燒炭，怎麼這麼笨……我來跟你爸媽說說。先決條件是你必須答應我不再尋死。死很容易，活著很難。醫生說你有病是對的，配合醫療，很快就會改善。我認為你沒病，你肯勇敢站起來就沒病，我教你學生沒教你學死，對吧！……好吧！準備去讀音樂系吧！這事兒我來說……」

「……」他激動地落淚。

「不要〈給我一座墳〉，你那麼傑出，那麼強，你要給自己一座山，你要給音樂藝術一條江，才是大格局。不然就是書呆子！死還不容易嗎？學著怎麼活吧！」

「好……好……謝謝老師。」

「配合醫生療程，慢慢會好起來。再燒炭，我會揍人！我沒覺得你有病，喔……你隔壁的哪兩個才有病，對不對？」

他伸出手，我再把他的手扣起來。

鐵志媽買了一大包東西，進門，後面跟著一位訪客。我向孫鐵志話別，拍他一下肩膀：「有空再來看你。」臨走前，鐵志的眼神多了一點靈動。

「老師，來，這你的，黑咖啡。」

走出臺大醫院，人潮漸多，我向鐵志她娘發了一則簡訊：「找個時間我們再聊聊，他的病不輕，不過只有你們救得了他。國家音樂廳若有鋼琴獨奏會，我們去聽一次。好嗎？」

＊

沒多久，剛好愛盲視障協會舉辦一場鋼琴發表會，在國家音樂廳演出。這是一場感人的獨奏會，標榜著一位近乎全盲的碩士生，他辛苦成長的歷程，是我大學同學小孩的故事，我邀請孫爸孫媽參加。

引言人中規中矩地介紹這位神奇的鋼琴家，其中有一段是這樣說的：

孩子甫出生就有先天性視弱的缺陷，漸漸就被歸類為視障學生。他的母親放棄自己的大學教職，全心投入視障協會的公益活動，陪著自己的孩子長大。偶然之間，發現他小孩的音樂天賦，一路顛顛簸簸走來，這一對母子屹立不搖。

琴韻一出，如山高似水長，如泣如慕，行雲流水，有悲有喜。最後一曲安可曲，大家都站立聆聽。媽媽牽著他下臺，掌聲不歇，送到幕後。孫媽媽淚水迸出，孫爸爸不語。我說：

「一個看似永遠的缺憾，發生在哪個家庭都會心酸的困頓，結果光明在望。」

「孩子的媽全心陪著他看不見陽光的孩子，發現他的天份，展現了他的奇蹟人生……」

「媽媽值了，盲人鋼琴家值了……」

我們尋了一家咖啡小館繼續聊，最後我幽幽說了兩週前我們師生對話的內容，說完孫鐵志〈給我一座墳〉的吶喊，我們就握手離開了。

原載《幼獅文藝．青春點名簿》二〇一六年九月號

” 一叟小語

教書四十年，這一樁抗拒父母的決定是最慘烈的，有話好好說，有意見好好溝通，不能把責任全推給父母，天下父母心，誰不是為孩子好。無論站在哪一邊思考，都應該朝良性的溝通表達。

我沒有覺得故意把成績考壞，就是最妥當的逃避，也不是最高明的對抗。醫科有什麼不好？懸壺濟世，愛人救人，醫師是每個病人的希望，這是多麼神聖的工作呀。這跟望子成龍，望女成鳳，一點都不衝突。

但是，親子之間的溝通與認知也不能忽視，大家都同意性向、興趣、能力，是大學選系最佳的判定標準。可惜在熱門科系的追逐與激盪下，這個前提，往往受到很多外在因素所左右，造成很多考生大多選讀非首選的志願。

孫鐵志的聯考人生是不可思議的，表面上看，這只是一個特別意外的個案。其實，從實際面觀察，很多考生的問題並不在反抗父母的干預或主導，更驚悚的是：十八歲的考生在面對人生高等教育的抉擇時，竟然不曉得選什麼科系？或什麼科系適合自己讀，而且這個人口比例是非常高的。

最後，我們還是要恭喜孫鐵志，雖然付出很大的代價，在關鍵時刻父母同意也支持他的學習人生，成功地轉了一個大彎。

“

留校察看

寒冬來得遲，第一波寒流來襲，然後一天比一天冷，臺北很濕冷。手機的那一頭是熱呼呼的老學生：

「老師，我是廖添富，你的老學生，廖添丁的廖，廖添丁的添，富貴的富。」

「添富喔！我知道、我知道，老班長、老班長……」

「什麼時候拜訪老師方便？」

「下班時間都方便……」

十年以上沒見過他了，他在建中待了五年。

＊

戒嚴的年代，政府對建中人有很高的期待，連建中校長的人事都是總統府指派的，那個年代建中第一類組的傳奇人物很多。某日，黃校長把我們幾個男老師請去校長室懇談：「希望你們把這群社會組學生帶好，這些人將來都是臺灣社會最重要的領導精英，這四個班就交給你們四壯士了。」聽了慷慨陳詞的一席話，當下熱血沸騰，覺得責任重大，頗受器重，回到辦公室，老先覺老師們笑著說：「你們是去當炮灰，準備寫遺囑吧……那一群都鬼靈精得很……」大家笑成一團，當年我四十不到。

接了高二新班級，逐一了解學生的基本資料。已經帶上高三的導師囑咐我：「沒升上來的廖添富，老油條，很社會化，狀況多，不太好搞，你要有心理準備。」

廖添富來建中已邁入第四年，高一讀兩年，高二今年也是第二年。再仔細一看，大過一再犯，小過也不斷。高二讀完，吃了一記「留校察看」，功課幾乎全盤皆「紅」，他選擇高二再重讀一次。以往的舊規定，日間部只能讀五年，五年畢不了業的就算肄業，必須離開校門。

班上五十八位，人數有點多，我長相不良，初見面，學生很震撼，不敢造次。註冊當天，我特地把廖添富叫過來，他彬彬有禮，十分老鳥，看起來就是大咖的。

「廖添富就是你喔！你已經『留察』了，按照校規，只要再記一支警告或曠一堂課，你就回家吃自己。隨時會走路，對不對？」我們在走廊說話，他有點錯愕。

「嗯……」他眉頭皺了起來。

「建中只能再讀兩年……換句話說，今年、明年必須毫無閃失，才能順利畢業。」

「嗯嗯嗯……唉……」心裡沒有準備，看同學探頭探腦，他很不自在。

「我幫你想個辦法……你就擔任班長吧，試試看，幹得好的話，期末大功一次，四學期將功折罪，留察就能功過相抵，清清爽爽畢業。你覺得如何？……幹部交給你組織，不用再提名表決了。我會說服大家……你也明白，照規定幹部學科成績要八十分以上，這部分我保薦你……」

「謝謝老師！……」

「我對你只有一個要求，請你把貪玩的、有問題的同學統統帶起來。我不奢求你把班風帶向什麼境界……幹部名單下週一開給我，行為偏差的、整天鬼混的、墮落沉淪的……你慢慢帶好他們。我們以誠相待……一切看你怎麼表現！」

「好，謝謝老師！」

＊

開學第三天，下午沒課，我來五分埔成衣批發市場，拜訪廖添富的母親。

「老師你好，真不好意思，做生意沒辦法到學校，我一個人不做不行，讓你來，真失禮，也真見笑……」

「廖媽媽，沒事的，是我打擾你，做成衣很辛苦喔，大盤或是中盤？」
「做小生意啦，這個時機有人買就賣，主要是做中盤商啦，現在生意不好做……」
「廖媽媽，我讓廖添富當班長，希望他學習擔當，養男人的肩膀……」
「老師，不行啦，千萬不可以，這個班會毀在他手上，你也會毀在他手上……」
「老師喝茶。我認真跟你說。」（眼眶瞬即紅了起來）：

多謝老師牽成啦，但是做班長萬萬不可。添富我已經放棄了，林老師我真的跟你講，我這個兒子我放棄了，我沒有任何指望，高中能畢業就好……（飲泣）。我們從嘉義縣鹿草鄉上來臺北打拚，在大理街做成衣，從十元百元千元這樣打拚經營，好不容易做出一點局面，萬華大理街成衣界誰不認識我們廖家！就是這個孽子，讓我們萬華待不下去，才遷到五分埔來……（又啜泣一陣）

我說：「你慢慢講。」

講起來真見笑，為了做生意，囝仔沒教好，這也是我們的遺憾。他變壞是從高一開始的，想追女朋友，人家看不上眼，他就自暴自棄。有一天，在補習街一家超商拿起飲料就喝，喝完大搖大擺就想走出去，店員問他要錢，他竟然不甩人家，還對著店員大聲咆哮：「我失戀了，心情不好不行喔，我沒有心情付錢啦……」就在店裡邊拉拉扯扯，像個流氓，我們家是善良人呢！結果店家警民連線一按，沒多久，警察就把他抓走了，留下前科，真冤枉啊！生給他一表人才……可惜後來就一路沉淪，在艋舺交到一群壞朋友了……話說回來，還是希望老師救救他啦……

我說：「廖爸爸呢？……怎麼那麼年輕就……」

算是給他氣死的，那個時候流行什麼柏青哥，一下課他就泡在電動玩具店，放假日都不見人影，玩到半夜才回家。我先生每次抓到他就痛罵，怎麼也救不回來。我先生天天喝悶酒，有一晚天氣太冷，他就中風死了。

別人家的孩子死了老爸都會覺悟，他不是，愈來愈壞。沒有老爸管教，他更無法無天。三天兩天就跟我要錢，罵他不良，竟然到處借錢，我就拖老命，一條一條去還。最後，借到地下錢莊去，借個幾萬元，時間一久，竟然要還五十萬元，我不肯就範，硬是賭氣不還，等到那些流氓說要在我面前砍添富一條腿，我就慌了，很快就要還一百萬了，後來透過熟識黑白兩道的黑狗仔去拜託，才又減回五十萬。林老師，你想想看，天下哪有這種事，無法無天啦……一方面沒面子，一方面也待不下去，就遷來五分埔這裡了。住家仍在萬華大理街。

我說：「廖媽媽，我會盡力教他做人，你放心你放心！……我先回學校喔！」

她說：「吃個滷肉飯再走啦！就在隔壁……」

我揮了揮手，再見！

＊

從此以後，我每天盯他，嚴厲告誡他班頭要有班頭的樣子：「雖然給你這麼好的機會，你若不珍惜，我也絕不手軟，隨時有退學的可能。我的話你最好聽進去……」班會課，我經常當著全班的面，不客氣地說他，添富畢恭畢敬，從不還口。見到我威猛無比，班上那些阿貓阿狗之流，全都噤若寒蟬。一類組四個班都清楚，老夫專打老虎，

「老大」的綽號傳了開來，連校長都跟著這麼叫。高二重讀的第一個學期，他把班上治理得宜，添富展現他野性的魄力，告訴全班同學：

「只要班級比賽，我什麼都要得第一！」

結果軍歌比賽第一、拔河比賽第一、合唱比賽第一、橄欖球班級比賽第一……他個人的功課很快由紅轉藍。高二結束，添富記了兩支大功。形象大為改善，連教官都說：「只要他好，全班都好。」

我對著全班說：「高三還是請廖添富當班長，大家同意嗎？」當下掌聲響起，甚至有人桌子拍得震天價響，我心中暗暗竊喜。

*

高三上，班上有一位臺南新營來的外地生李得功，非常像軍人的名字，大家給他取了個「將軍」的綽號，他很不喜歡。個性內向，不太說話，但對班長這位老大哥倒很佩服，添富跟他說得上話。李得功他父親特地在新店買套房供他住，因為離學校遠，他下課就走，獨來獨往，不太跟人打交道，尤其是功課每下愈況後，更封閉自己了。高三第一次北模失利，請了一天病假沒到校上課，第二天又沒來，添富提醒我：「老師，李得功不大對喔！」當天晚上，果然李得功打電話給班長，說他不想活了……添富緊急跟我通了電話，先行前往李得功的住處，我也隨後就到。

李得功將軍房門深鎖，門敲了很久，最後他才開門，見到我們，低著頭，手上握著一把的白色藥片，「喀喀……」掉了幾顆在地。添富說：「今晚先到我家睡一晚。來，藥給我，別這麼傻……」

報請學校表揚，廖添富再添一支大功，連同期末幹部敘獎，三學期連得四支大功，註銷他原本「留校察看」的處分。

*

高三下第二次段考前，班聯會爆發醜聞，負責電影欣賞會的幹部，污了公款，被一類組的高二「班級代表」發現。他們請高三一類組老大哥出面，高三公推廖添富出來主持公道。學校並不知情，談判地點在正誼樓一樓廁所，班聯會來了兩人，高三代表四人。

「我是廖添富，三年四班班長，我在建中快五年了，你們知道學長準備聯考，還要讓我操心，這就是你們的不對了……學生活動費是全體建中人的民脂民膏，你們這樣就是古代的貪官汙吏，這是要殺頭的，如果學校知道了，你們都會退學……留下汙名，這會很丟臉！這事該怎麼辦？你們說說看……」

「對不起，對不起……學長，我們知道錯了，這是不對的，很不應該……」

「汗了多少，就吐多少……建中有你們這種敗類，實在可恥！你們對得起建中嗎？『勤樸誠勇』的校訓，多麼神聖……學長們嚥不下這口氣，你不要臉，我們要臉，百年老校禁不起你們這樣破壞……」一班的班代狐假虎威。

隔壁班的班代大聲嚷嚷：「給你們三天時間，你們給學長交代，老時間，地點就這裡。好不好……」

當天晚上，當年幫他擺平討債集團的黑狗仔上門，找廖媽媽討人情，要廖添富放汗錢的學生一馬。當著添富的面，廖媽媽大發雷霆：「你真的想當流氓，就搬出去……你就不能讓我清心做生意喔……」

「是汗錢的學生不對啦！嫂仔不要罵添富，他是主持正義啦……我欣賞我欣賞，他們會補償，添富你放心，給我一個面子……」

「對啦，聽黑狗仔叔的話，放手放手。你不要給我耍流氓……」

「阿狗仔叔，我知我知……」

＊

三天後，高二學弟來了，高三學長也到了。一邊道歉一邊鞠躬，拿了一包東西，交給廖添富。

「學長一人一個，一點點意思，請學長高抬貴手。我們一定改過……不會再犯了……」

「這什麼東西，學弟這是什麼……」高三一位學長問。

「小小的紀念品，一人一個。」

「你們要真正改過，這是丟臉的事。這些東西我們不能要，我會處理，你們就走吧，這事到此為止。」

高二學弟走出廁所，廖添富當著三個人的面打開，是四個純金小戒指，一張小紙條，寫著：「謝謝學長！」……廖添富停了一陣，對著大家說：「我會把這些退回去！這不能拿……我來處理。可以吧……」

「送到訓導處嗎？你沒搞錯吧？這樣會把大家都弄死。害死我們四個，這不仁；害死高二兩個兔崽子，也不義啊！這搞什麼啊……」

「別這樣玩，這樣不好玩……」

「一人拿一個就算了，別弄得太複雜了……」

「不行，我來處理，還，由我來還。教訓了就好……我這兩天送還給他們……這個不能要，一類組會給人家瞧不起，我說不能要……知道吧。我有特殊管道把戒指還回去，我來！」

回家後，廖添富跟媽說：「幫我聯繫阿狗仔叔，我有東西託他。」

「他人回南部，過幾天才會回臺北。」

「那就等他回來……我東西先放著……」

「添富啊……我真的很害怕……你不要再惹事了……」

*

「有人檢舉你勒索學弟，有沒有這回事？」訓導主任問廖添富。

「我只是教訓他們不可以這樣汙班聯會的錢，沒有勒索學弟！」

「那四枚戒指呢？」

「……我正打算循特殊的管道還給他們……」

「送到訓導處不是更簡單嗎？故事編得太差了吧，想獨吞啊！」

「不是這樣，我要用我的方法，一定會還，我保證。我還沒找到人，我會問我媽！」

「你媽已經送來了……她對你失望透了。這個罪畢不了業了，你已滿十八歲，送法辦也夠資格了。」

「我真的沒有勒索……我沒有要那個東西……」

「你媽在個別談話室……連你媽都不相信你了……還說……」

忽然間廖媽媽出現。

「建中不要讀了，給我回家，我沒讀書，還有人格，你從來沒說過真話，你爸就是被你氣死的……你沒幹過一天好事……教官，我幫我兒子退學……給他退學，沒有用的流氓……」

廖添富大聲說「我沒有——」就走了，廖媽媽歇斯底里，邊哭邊罵邊走出建中……

公布欄貼著布告，歸納起來說：廖添富帶頭恐嚇情節重大，留校察看；其他三位高三夥同恐嚇，各兩支大過。班聯會電影組兩人，假職務之便，不當挪用公款，分別記大過一支。離畢業只有三個星期，廖添富離家出走，曠課滿二十一節，沒拿到畢業證書。後來，廖添富並沒有以同等學力參加聯考。我十分黯然，廖添富還是沒有順利畢業。

考完聯考個把月後，廖添富打電話給我，細說戒指事件始末，要我相信他，身上沒有錢，希望跟我借一萬元，我說你來取。

「相信我，老師，錢我以後會還你。」

「我相信你，這三萬你拿去，什麼時候還沒關係，沒有還也沒關係……想清楚就回家，你是有家的人，別又走老路了。哪一天覺得對自己很滿意，可以找我再來找我……」

「老師一萬就好。」

「就拿去吧。雖然很矛盾，我寧願相信你……」

*

「老師她是我老婆『邱思』，我們有三個孩子。這三萬璧還老師。老師，『璧還』對不對？這是最新型的鋼珠筆，送給老師。對不起，想起以前的荒唐歲月，很慚愧……」
「不會不會，不慚愧；不用不用，這不行啊！太貴重了，不行不行……」
「這不是戒指啦！一點點心意，我做得到的……」
「哈哈哈……」我大笑，他也尷尬地笑。
邱思說：「老師，添富不好意思說，我幫他講，他在紡織業算是小有成就，想捐錢給建中，設清寒獎學金，第一個條件是人品要好……老師全權處理，細節我們再說……」
我說：「太好了，我到學校幫你問問！廖添富，我相信你是對的，我一直都相信你。」

”

一叟小語

這一個學生故事，原本讓我痛了十幾年，非常的對象用非常的手段，這必須要有非常的智慧與策略。它可不是出國旅遊，你高興怎麼玩就可以怎麼玩。任何事若沒有掌握最真誠的態度、最清明的良心、最適當的時機，其實風險是很大的。做事不能光憑冒險或光憑感覺就能濟事，行險以僥倖不是坦途，隨情緒起舞也不是高妙的順水推舟。如果不是十幾年後廖添富想在建中設獎學金，這個故事就是一件失敗的例子。想想看，辛苦經營「留校察看」的特殊對象，眼看著要豐收，眼看著要演出「人性的光明面」這齣大戲，最後卻鎩羽而歸。當下猛然覺得廖母的判斷是正確的，廖添富是無可救藥的。

費了兩年心思，刻意安排讓廖添富以自己的覺醒來塗掉他的「留校察看」，原來除了現實的人生社會，每個人還有與生具有的微妙力量。這個力量可以大到無限，它有驚天地而泣鬼神的感動力；當然也有更大更多的事實擺在眼前，花未開就萎謝的憾事，這種例子很多，並不新鮮。可大可小的人性力度，完全是自我發動的，誰都無法代替你花開花謝，也不是偽善的立可白，隨便就能消除自己的陰影。

教育工作只是一個教化人心的服務業，我們不能期待立竿見影，很多感人的回饋也許我們看不到。有些尋常的花天天開，有些等待花開的時間，竟然比我們的一生還長。但我們要堅信：凡走過必留下痕跡，這樣就增強了我們薰陶的感化力。

“

蹲在樓梯口的大衛

「教官室嗎？正誼樓三樓樓梯口，靠辦公室這邊，有一位年輕的陌生人，我已連看到他三天了……」

「高二這邊？還是高三那邊？……」

「高二這邊，眼神怪怪的，可能是精神病患，也可能是……蹲在樓梯口，有點嚇人，教官快上來看看，他穿便服……」

值勤教官連回：「知道知道……了解了解……」隨即掛斷電話。

校園出現陌生人，這是常態，換個證件，就是如假包換的外賓，胸前一旦掛上貴賓證，就有莫名的尊貴。學生就算沒示好，態度是敬慎的，不太敢隨便。

下課步出教室，生輔組長已在門外等候，從八百年前講起，不厭其煩地詳細說明，總之是「特殊的個案」。一聽到校園安全，人人都繃緊神經。他高一在明道樓，高二自然就到正誼樓。

從此以後，每天第三節下課正誼樓三樓樓梯口都看得到他。下課鐘響，校園人潮如蜂擁，大多往合作社走，他立馬站起來，移到幽隱的角落。

陳大衛總是身著便服，手抱著灰藍夾克，永遠不讓人看到他的學號、年槓。等上課鐘再響後，空無一人，他又蹲坐在老位置。有時候他會拿出一本小筆記本，若有所思，寫幾個字又收起來，塞回外套裡。

*

高一他讀了三次，前兩年都半途休學。

第一年休學是為了冷氣。「我爸爸說冷氣對身體不好……我媽媽說愛地球要節能減碳……」多數同學表決通過：「三十度要吹冷氣。」

為了吹不吹冷氣他力戰群雄，像頭猛獸似的狂吼，從同學手中搶下冷氣開啟卡後，他衝出校園，急奔植物園荷花池，像玩水漂一樣，奮力一擲，拍拍手，發出一聲冷笑。第二天就休學了。

第二年休學，更是莫名其妙。他先期期艾艾地向地理老師說：「感覺心裡有病……」請求免交作業，接著一科一科分別突破；第二步向數學老師說：「我家住得遠，我有罕見疾病……」要求不參加晨間小考，最後被英文老師痛罵一頓，知會導師處理。在導師面前，他斬釘截鐵地向導師挑戰：「我一直設法勇敢地走出家門、校門……老師，我想去找我媽。」說完，他掉頭就走，第二天父親又來辦休學手續。

有人說：「他發病了，所以讀不下去。」有人說：「他休學是要讓父親難看，不讓父親有機會以他為榮。」有人說：「媽媽沒嫁到她愛的人，吞藥自盡，才是他長期的陰影。」

第三年原本也是讀不下去，經過大衛父親懇求學校鼎助，讓他能在建中順利畢業就好。希望允許他自由進出教室，上午半天課待在教室，下午可以到圖書館自習，最大的容忍是上課期間不能離開校園。他離開教室，一定呆坐在三樓樓梯口，他母親精神恍惚期間，也都是在居家公寓三樓呆坐，木然一坐就是好幾個小時。

*

亡故的母親留下遺書，希望他考個好學校，他做到了。他喜歡帶著灰藍夾克出門，不分春夏秋冬，總是拎著外套，到處趴趴走，就是不願意穿起來。導師、教官、輔導老師、資源班老師都很好奇，好多個為什麼？好多個可能？都不如公車司機一句話：「他怕別人看到他的年級槓，我載他四年了，我知道。」讀第三次高一，曾經讓他高興一段時間，導師刻意安排坐他旁邊的小威說：「讓別人覺得他是高一新生，那段時間他最輕鬆。」

完整讀完高一上學期，老師們都明白，他也會專心聽課，喜歡的事他也會跟同學同樂，電動遊戲就是其中之一，沒人玩得過他。講臺上的老師愈口沫橫飛他愈投入，但是，老師的眼神若停在他的位置，他的頭就低了下來，甚至趴在桌上。老師提問點到他，他總是不知所措，漲紅著臉，下一堂課他就翹課不上了。翹幾次課，最後找到他，都是在各大樓的第三樓樓梯口。下學期第一週起，他開始請假，從半天、一天，愈來愈密集。某日，開完週會，他囁囁嚅嚅跟導師說——

「老師，我要請一個月假。」

「我只有一天的權限，一個月長假需要醫生證明……」老師搖頭。

「我父親是醫生，但我不會請他開證明。」

「為什麼要請那麼久？」

「這是我的隱私，你准不准？」

「導師只有一天權限……」

大衛一個轉身，頭也不回，拂袖而去。

父親是赫赫有名的名醫，開學前幾天，特別到校請求讓他兒子復學，好好讀完建中。說著說著，眼眶泛紅，教書這麼多年沒看過名醫爸爸，為一個精神失衡的兒子難過成這樣。

＊

「我行醫這麼多年，沒看過這樣的病例。我是醫生，卻一點辦法都沒有，他讓我們家庭破碎，夫妻失和。我真的不曉得怎麼辦才好？請學校幫幫忙，再給他機會……」

「我讓他住在原本的家，請一位外傭照顧他，他都配合得很好。」

「我有裝設完整的監視系統，他在家的動向，我都一清二楚。」

「我每天都有請外傭把藥放在飲料中，他的病情控制得很好。」

「他只有伸手要錢，會跟我開口……他一生的錢，我都準備好了。」

「我再婚，我另有家庭、小孩，請學校、老師一定要幫我忙……」

學校與大衛父親達成協議：他必須在教室上半天課，下午特准在圖書館自修，不能離開校園，請督促大衛遵照辦理。

大衛第三次讀高一，到現在的高二，都乖乖配合。離開圖書館，出來溜達溜達，都是蹲在三樓樓梯口，傻傻呆呆，木木然然，不理會別人好奇的眼光，沒有任何攻擊性。後來大家都知道三樓有一位「樓梯口的哲學家」，下午都會不定時出現。

*

有一段時間，他不坐樓梯口，很密集的走進莊敬樓三樓辦公室，特教組長問出緣由。

「國文科的李老師，好像我媽媽，連聲音都好像。」大衛說。

根據資源班老師輔導多年的經驗，對他最頭疼，資源班待不住，他經常是偶爾來了很快就溜了。現在第三節下課，一定可以瞧見，陳大衛左手拿著灰藍夾克，在莊三辦公室門外探頭探腦。然後伺機走到李老師座位附近，有時候會趨前凝視，什麼話也沒說，目不轉睛，就盯著她看。李老師受到驚嚇，不久請了幾天的事假，大衛見李老師位子上沒人，魂不守舍。

「李老師走了，她好像我媽媽……」說著說著眼眶都紅了。

＊

幾天後，大衛的醫生爸爸到學校開個案會議，在紅樓二樓轉角處，忽然間撞見大衛。父親叫他，陳大衛拔腿就跑，衝下樓，衝出穿堂，柵欄勾住灰藍夾克，一時心慌，銅板掉出來、眼鏡盒掉出來、筆記本掉出來，拾起外套就跑，驚慌失措地衝出校門，他不時回頭看。警衛撿起他的筆記本和眼鏡盒，我到警衛室等來訪朋友，也是現場的目擊者，警衛老何跟我聊起剛剛的逃學事件。

「一個學生跑在前，一個爸爸跑在後，不顧紅綠燈，一下子就衝出去，嚇死我了……我明天會碰到他，東西我拿給他……」

警衛老何聊起陳大衛，說他比其他學生規矩，今天算是意外，雖然他每天像失魂似的在校園遊走，老何告訴他：「沒有假條不能外出！」他常常走到大門邊，瞧我一眼，摸摸頭就又朝教學大樓走去，從不硬闖。

老何說：「看了他四年了，可惜啊這樣的孩子！操著濃濃的鄉音，指著筆記本，你看他多會畫畫啊，畫機器人就像機器人，畫流浪漢就像流浪漢，畫最多的就是這一款『坐在樓梯口的女人』，畫得都不一樣，他應該走藝術。」

老何對陳大衛的漫畫讚不絕口，我在畫的角落發現，每一幅都有幾句話，看起來歪歪扭扭、潦草不整的字，不細看不知寫什麼。

我想我絕頂聰明，老爸是不知道的。

我每天跟他要錢，存錢是要買靈骨塔。

我要把媽媽放在只有我知道的地方。

媽媽沒有嫁到她所愛的人，爸爸不能這樣。

我一生都在找像媽媽的女生，然後娶她。

媽媽說：「我小時候最喜歡蹲在阿嬤家三樓樓梯口看星星，一閃一閃亮晶晶，好美。」

……

「老何，記得明天把本子還給他。」
「他會來找我要的……」
「就怕他不回來了……」我說。

原載《幼獅文藝・青春點名簿》二〇一五年七月號

一叟小語

這篇蹲在三樓樓梯口的人物是真實的，但內容是兩個學生的故事情節交互投射，組織而成。

輔導室與資源教室的老師們，為了陳大衛不知開了多少會？導師、輔導老師、輔導教官等，輔導他的個案記錄，密密麻麻，可謂鉅細靡遺，記載非常清楚。但是人言言殊，不同的師長有不同的看法，怎麼說都對不上嘴。等到聽了大衛父親的真情告白：「我行醫這麼多年，沒看過這樣的病例。我真的不曉得怎麼辦才好？請學校幫幫忙，再給他機會……」相關師長就慢慢釋懷了，偉大的學校總要有偉大的胸襟氣度，只要不惹事，只要家長能全力配合，都是有空間的。

父親的痛切陳詞：「他讓我們家庭破碎，夫妻失和。」原本讓大家非常同情。

但是這位看起來有點異常的陳大衛，他筆記本上的密碼：「**我每天跟他要錢，存錢是要買靈骨塔；我要把媽媽放在只有我知道的地方。**」對我起了很大的震撼。孰真孰假？真的無從思辨起。「**媽媽沒有嫁到她所愛的**

人，爸爸不能這樣」，讀起來十分心酸。大衛離開教室，一定呆坐在三樓樓梯口，竟然和亡故的媽媽有關。

坐在莊敬樓三樓樓梯口的人物已不復見，陳大衛的內心世界是強大還是深邃？他不為人知也不欲人知的孤獨與落寞，究竟如何才能得到慰藉？我們也無從知曉。陳大衛以同樣的方式蹲在三樓，能不能跟母親更接近呢？這也是一無所悉。當我們讀到——

媽媽說：「我小時候最喜歡蹲在阿嬤家三樓樓梯口看星星，一閃一閃亮晶晶，好美。」

我們真想知道陳大衛是怎麼想的？

“

藍與黑

建中在同時設立日校、夜校、補校的年代，是藍與黑的歲月。

「藍與黑」，校方為了分清楚校園這兩大區塊，以不同的顏色來分日補，赫赫紅樓，髦士三千。壁壘分明的結果，有人抬頭挺胸就有人彎腰駝背，這是校園人生。

每個學期開學第一週以後，就得開一個日補校導師面對面的「日補校共用教室協調會議」。大家先禮後兵，學生沒完沒了的小衝突沒停過，這一群導師們總是苦笑，什麼時候要發生什麼事，誰也拿不準。

日校的卡其色制服繡「藍色學號」，夜補校則繡「黑色學號」；日校的灰藍夾克繡黃色學號，夜補校則繡白色學號。雖然方便區分，卻不利於融合，日補校的零星火花，一直在南海路溫柔的拚鬥。紅樓的喧鬧，雖然經常是禍起於蕭牆之內，但如果是兵臨城下，該抵禦外侮的時候，不論藍與黑都能捲起袖子，以校為家，一致對外。

共用就會有零星戰鬥，桌子椅子最尷尬，顧這邊不是，站在那邊也不對，白天黑夜任憑慘綠年華的紅樓小子們在他們身上蹂躪，一生黯淡無光。

日校生在桌子上「畫美女」，補校哥就在旁邊批評：「何方劣匠畫這麼爛，這樣也敢塗鴉？」補校生在抽屜角寫「激情文字」，日校哥就回敬：「粗鄙無文，不配讀建中。」戰火易起難息，沒幾天就硝煙四起、烽火連天了。帶種互不服輸的就約在植物園幹架，拳打腳踢，乒乒乓乓打完就算了，這一號武裝才子易洗快乾，後遺症最小。

＊

那個年代沒有隨身聽、沒有手機，上課總要有其他事調劑調劑，「文字接龍」也是日補校具有挑戰性和刺激性的對話。這些為了不對盤而不對盤的文刀舞劍，靠著殺戮性的字眼，你一言我一句，力道重、口味辣，很快就觸及敏感神經，筆火所至，刀起刀落，很快就會落人來走廊，放話討面子。這種事總是有對口單位，有人恐嚇、有人帶話、有人認錯；當然也有人曠課落跑，跑得了和尚跑不了廟，你總得要回來，錯而不認錯，拖久了敬菸、敬酒、擺桌，事情反而鬧得更大。

掃地，是學子最尋常的衛生工作。比起女校，男生打掃總難教人滿意，君不見，「整潔」「秩序」，是第一線基層教師心口最大的痛。在男校的世界，有學生就會有人不掃地，掃地就會有人掃不乾淨。管你內掃區外掃區，衛生股長、衛生幹事永遠是最苦命的紅樓人。兼導師的經營一個班，一大早就已經焦頭爛額、火冒三丈。若碰到日補校共用教室，那每天例行性的整潔交接工作就是一大難題，日校最後一節值日生不擦黑板，補校就有可能回敬不倒垃圾。抽屜廢棄物不清乾淨，明天就會有發餿的便當盒跟你結緣。書不帶走明天就流離失所，筆隨意亂扔，明天你就必須「投筆從戎」才要的回來。有一位日校功課頂尖的學生，就為了一本數學課本的糾葛，謠傳最後的下場是遭罰「代考」段考一次，不然沒完沒了。人生如此，天道寧論？比較慘的是，日補校共用相同教室的導師，常常為了這些無厘頭的雞毛蒜皮小事，搞到相互齟齬，不歡而散，很難說清楚。

*

男女朋友的糾紛，是「藍與黑」最不能夠發生的大事，尤其是補校的馬子琵琶別抱，而新抱的不是別人，又是自家的宿敵——日校，這就真的是代誌大條了。藍色的自負，原本就不是拿來驕傲自家人的，有這種心理的日校生，藍色戰士也會深深引以為恥。可是偏偏黑色的補校生十分過敏，丟了女朋友又丟了尊嚴，吃不下這種優越感，這比祖宗八代的血海深仇還深的仇，堂堂黑衫軍一定要鐵血的討回來。

圖書館是愛情的原鄉，但也往往是仇家的引爆所。有那麼一年，那時候中央圖書館（國家圖書館的前身）還在建中對面，坐落南海學園內，隔一條南海路遙遙相望。建補有一位溫文爾雅、敬師睦友、功課頂尖的高二生邂逅了一位太陽神的女兒（景美女中），彼此投緣，走了一陣子。沒想到中途殺出的程咬金就是藍色的紅樓才子，害這位黑色的紅樓才子憂鬱不樂、失魂落魄、功課大幅滑落，最後父母急得帶去看心理醫師，聞之者莫不鼻酸！

這種事光看醫生吃百憂解不能救急，於是有一群義憤填膺的黑戰士，組織一方豪傑，要日校交出元凶，解鈴還須繫鈴人，怎可才子傷害自家英雄？口號喊得響亮，義氣薄天，熱血沸騰。談判數次，不得要領。有一天，一、二十人裸露著背，蟠踞學生活動中心，下課時對著正誼樓叫囂，一樓都是驍勇善戰的一類組高二生，知道補校生大白天公然在校園率眾滋事，看不下去也不甘示弱，一字排開，群聚走廊，大聲搦戰。

眼看操場變沙場，殺氣喧天，這時候補校主任穿過操場，與黑戰士交涉，不得要領，徒呼負負，鎩羽而歸。怕事鬧大，未幾，校長御駕親征，對面頑抗的正義之士毫不領情。緊張局勢升高，手心手背都是肉，校方束手無策，一聲鐘響，恢復上課，對峙聲暫歇。詎料，約莫十分鐘後，這一群袒胸的黑戰士，迅雷不及掩耳，衝上二樓，準備到206班拿人，立在教室外。

「老師，我可以找某某人出來嗎？」

「現在是我上課，你們統統給我滾蛋。再囉嗦，我踹死你……」

那位年紀很大的老老師聲洪如雷，氣沖雲霄。他是李老師，在建中向來以驃悍聞名。帶頭的姓蔡，江湖人稱「菜蟲」，摸著鼻子，叫大夥兒走。校長、主任教官群，面對殺氣騰騰，儼然是一場校園暴動的戲碼，都拿不準的當兒。怎麼這樣，大家莫名其妙，怎會這樣草草收兵？

李老師一戰成名，他國學底蘊深厚，家學淵源，當年是軍訓教官轉任，辦公桌在我正對面，一樣是國文老師。我偷偷問他：「您威名沖天，連校長主任都被你比下去了……」他只是笑笑不語。這一場當年沒有上報的校園危機事件過後，不但藍與黑的學生全怕他，連老師們都對李老師敬畏三分。

在他退休那一場送舊筵席上，陸軍聯誼廳觥籌交錯，幾杯白乾下肚，他忽然咬我的耳朵說：

「當年被我喝退的那位渾小子，他老爸綽號叫菜根譚，也讀建中，是我們湖南人。高二起在我手上，一直留校察看，看了整整兩年，最後領到畢業證書，後來跟我很親，這小子每年跟他老爸到北投向我拜年……我看著他長大……」

一飲而盡又是一杯，他又多說了幾句。

「這渾小子他爹在他兒子面前說我是他的恩人……」

「小蔡，建中我就怕他一個人，他改變了我的一生……」

「帶著江湖味告訴他兒子：你帶種，就給我考上建中，太老師會罩你……」

原載《幼獅文藝．青春點名簿》二〇一五年八月號

❞ 一叟小語

這是一段已經過去的校史：藍與黑雖然有微妙的對立，然而也有實質的互惠。百年老店就有一成不變的藍與黑，補校可以加買一件繡日校的學號顏色，日校也有人繡成補校的學號顏色。「藍與黑」，顏色雖然有點敏感，在出入校門口這一道關卡，則是人人暗爽的利器，門房的伯伯辨識學生就只憑學號的顏色。所以，無關道德人品，只要你願意模糊，就能暢通無阻。比起爬牆縱身一跳、飛簷走壁一翻，善用藍黑變色，是日補校最美麗的大和解。

藍與黑都是一家人，沒什麼好分彼此，當年，也許是年少輕狂，偏偏有些沙漠駝客喜歡把芝麻綠豆大的小事搞得塵土飛揚，弄得藍不藍黑不黑，還不是為了吞不下青春的那一口氣，縱放疏狂。現在夜校不見了，補校也沒了，只要聽到「東海東，玉山下，培新苗，吐綠芽，春風吹放自由花……」管你藍與黑，只要是南海路的建國戰士，只要是紅樓才子，全使勁地大聲唱。在建中操場、在臺清交、在椰林大道、在西子灣、在哈佛史丹福、在牛津劍橋、在矽谷在華爾街、在北京在上海……都聽得到東海東，建中出品只有灰藍夾克與卡其制服，沒有藍與黑。

藍與黑沒有是非好壞：自尊自知，才是真貴；自得自在，才是真富。建中雖然養我三十四年，大多數的建中人我沒教過你，但是，你看過你自己的意氣自得，你也看過你自己的鼻青臉腫。做一個老教員很想告訴新駝客，這裡的椰影駝鈴我真的很熟，自恃天縱英明的建中人很多，但能謙沖自牧、反身而誠的紅樓才子，也比比皆是。一個人一個人生，都是自己來。

以物喜以己悲的人，一生彩繪不出好樣的顏色，「輸贏對錯」全在那老老朽朽的「是非善惡」。決定人生的大事，都在關鍵的那一轉瞬之間。可是這關鍵的剎那之間——要有敦厚的人品、要有知止的智慧、要有淵深的底蘊、要有識時的進退、要有大容的胸襟。平常就是正常，正常就是平常。天爵自尊吾自貴，自問一生無怨也無尤，尊貴就找到了，它都在你身上。認真看，我們的世界有太多的「藍與黑」，想不開，都是陰影；放下心，都是清白一個色。

“

3

生活的趣味

查堂

流行全臺的翻轉教學，帶領開放觀課的風氣。精進教學觀課的流行，由校內發展到校外，一時蔚為風潮。封閉的教室風光門戶洞開，原本講臺上講課的老師就是教室的王，臺下統統得聽他的。但是在古早的年代，任課老師也有他的罩門，那就是「查堂」，委婉一點的叫巡堂。

四十年前查堂大隊是由行政人員編組而成，每堂課大多安排各處室的主任組長，照表「查堂」。有的私立學校還有個本子，按照輪值的日期巡視、簽名，並且要註記上課的情形。那時候當個組長就威風八面了，現在可不是，主任、組長都是校長大人千拜託萬拜託求來的。

記得在臺中第一年為人師表，校長發給老師們一人一支「敬師鞭」，在全班面前真誠地獻給導師，可是敬師鞭不是用來打人的。接受了這一支象徵性的教鞭，我們就是當學生的老師了，校長很嚴肅地說：「……當一位老師是何其神聖的責任，不但要當學生的示範，同時要追求典範。」一鞭在手，壓力升高到極點。

收到敬師鞭沒三天，就受到查堂嚴峻的洗禮，校長帶著老跟班教務主任，一溜煙就闖入教室後排坐下，無聲無息。我寫完板書回頭，乍見大頭與二頭端坐講臺直線的最遠處，雙腿差點癱軟，還好剛從成功嶺預官退伍，馬步功夫蹲得很到位，結結巴巴一陣子，苦瓜臉想必一陣紅一陣白。對我來說，那是有史以來最嚴峻的查堂，一直到打下課鐘才起身，他倆足足給我三十分鐘的震撼教育。然後沮喪地跟著進校長室，校長先審視我準備的教案，很有耐心地告訴我優點缺點在哪兒？拍拍我的肩，鼓勵我兩句，就讓我走了。教了四十年的書，回頭想一直十分感激他的點化。

婚後隨即北上，在新北市某教會學校任教。也是碰到一等一的好校長，這位神父他每天一早六點半在校園出現，七點半到各班走動，視校如家、愛生如子。從早到晚在偌大的校園到處轉，東逡西巡，左徘徊右流連，上課鐘一響，他就在教學大樓巡堂。上下來回，若有老師晚進教室，遲到五分鐘，他看看教室門外的課表，旋即進教室上講臺，什麼課都能上它一段，等老師匆匆趕到，微笑從容地走出教室。碰到這種窘事，肇事的老師總是嚇出一身冷汗，但他不記仇，雖然是神父，卻十分人性。這種查堂，是最美的管理。

＊

幾年後，應聘到了南海學園的建國中學。巍巍紅樓，赫赫黌宇，陶然的歲月過得特別快，一待就是三十多年。

在沒有麥克風上課的年代，老師的嗓音，了了可辨。湖南腔的國文課，看久了，板書像曾國藩在練書法。四川話的地理課，聽久了，黑板像一座曼舞的海洋。

除了蟬語，外頭很靜，走廊有人走動，都聽得見響。建中不習慣有人查堂，紅樓才子的眼神是最嚴厲的大刀隊。教不好或沒好好教，老駝客們的整人名堂多如牛毛。對不滿意的課，學生習慣私了，不愛動輒上達天聽。講臺上的師長，最怕也最在乎的是灰藍夾克一族的評價。

＊

有一年，新來的某校長，神情悃悃款款，在窗邊翹首張望著。看到學生在課間畫漫畫，輕輕出手朝教室右側一點。刺激的事發生了，臺上的數學老師說：

「校長在窗外比手劃腳，有話要說，請同學鼓掌歡迎……」

霎時，來不及反應，校長打躬作揖，臉像豬肝一般殷紅。

「沒事……沒事……」

說完陪著笑臉，快步離開。汗涔涔下，地上都是濕的。

＊

還有一回，有位建中大師，更狠。秋冬之交，窗門緊閉，有一團黑影貼著窗子。

「大家看看，外面有人，是哪位同學的父親……」

「是不是又有同學忘了帶傘啊………」窗外的黑影快步閃去。

下了課，校長忙著解釋，好說歹說，真的沒有惡意。

「講臺是我的領域，上了課就由我負責。」

「下次不會了……」

「你的校長室我們有去東瞧西瞧嗎？」

「我是順道看看學生，不是查堂。」

「教書是我們渺小的自信，請勿走動干擾……」

「以後上課一定不經過教室。」

＊

辦公室閒聊，這位大師他諄諄教誨後生晚輩們：

「上課，老師自主，學生自律。這是建中精神。」

「教不好，老師自己就要滾蛋，別在這裡瞎混。」

「講桌上的靈魂每個老師都要帶來，自己負責。」

「教書教到要人查堂來捍衛你的師道，那就丟臉丟到家了。」

「認真的人最美，這句話不適用建中。」

「你認真講課，他們也認真聽課啊！」

「人家臺下是一流的，你臺上的一流了嗎？」

「教書的，自己先要有教書的魅力、權威、自信、卓越……」

「我們能罩得住臺下的蘿蔔頭，才有胸膛教主管別亂來！」

「行政主管不能靠近教室。那是教書的，起碼的尊嚴。」

＊

有一次，剛坐上主任椅的老同事，出來查堂。

班長舉手發言：

「老師，你沒覺得這樣查堂，對你是羞辱嗎？」

「老師，這是原則問題……」

激昂的叫鬧聲，高亢尖銳，不只是幽幽的低鳴。窗內窗外一家親，我躑躅難答。窗外的主任，倉皇、尷尬，急切地揮揮手，低頭離開。老夫跟他熟，我不忍說話。緘默一陣。

隔週週記，壯士阿水哥丟下這些重話：

「建中要大學化，不可做思想的侏儒。」

「這樣把我們孵進臺大，又有什麼用？」

「這樣只是訓練一群人事不知的專家。」（他想說的應該是愛因斯坦的名言：專家還不是一群訓練有素的狗！）

「這樣建中生憑什麼站在傅鐘下沉思、論辯、優質，像個哲學家皇帝？」

*

解嚴之初，當年要老夫支持建中精神大學化的狂士。如今……

一個在中央研究院努力做學問。

一個是電子科技業的大總經理。
一個是令人尊敬的街頭政治家。
當時我太年輕，該有的喝采聲太輕！現在我太年老，擊掌的力道猶未老。
我教他們智慧，知進知退，不要躁妄。他們教我膽識，對的話要說，不要怯縮。

＊

建中是一所偉大的學校，標榜獨立自主，追求自由民主。走廊那條路深邃幽敻，誰願意查堂？這是大家要體諒的。
如果駝客不是低頭族？
如果駝客不是便當族？
如果駝客不是橋牌族？
如果駝客不是瞌睡族？
你們也會理直氣壯的喊出：不要查堂。

＊

精英高中普通化的聲浪愈來愈高，紅樓斑剝，近一百二十歲了，精神依然矍鑠。這個百年老校被冠上明星高中的罪名，考試制度簡單化的官方戰略奏效，讓很多頂尖的紅樓準才子暈眩，抓不準南海路「東海東，玉山下」的節奏，紛紛落馬、落難，進不了建中。建中沒落了，喊了幾十年，校友自信，一直認定聽聽就好。可這幾年叫得特別響，蟬鳴知了，鳴求聲特別淒厲，危機意識高了，憂患意識強了。查堂，悄悄來襲。有一個行政主管的影子，匆匆經過長廊。細聽腳步聲，零亂，他是建中校友，當年隔幾個班的學生，我差點教到他，他不愛查堂，查堂的腳步聲急急走遠了。一大片椰子葉瓣緩緩落下。

晚到的寒流悄悄來了，明天的氣溫再降三度，氣象專家說的。

原載《幼獅文藝．青春點名簿》二〇一六年十二月號

一叟小語

「查堂」，往好的方面想，是校園安全的必要安排，也是校園秩序的合理維護，讓行政單位能確定掌握全校學習的動態。可是，就教者與學者而言，也是一種透不過氣來的制式壓力。

教師上了講堂，自有他的神聖性，必須負責演一齣叫好又叫座的戲碼。如果教師自己的教學乏善可陳，缺乏魅力，自然就乏人問津，難有良好的互動了。這樣講臺上下的關係，彼此都很艱苦。

教室內的王國，自然有一個王，王而不王，就不能怪別人定制度，使出殺手鐧，按時查你的堂。同樣地，學生不聽課，盡做一些不應該的勾當，也休怪人家悄悄地來，剿你的巢。

課堂精彩，還怕人家查嗎？陶醉學習，還怕人家兵臨城下嗎？課堂是臺上臺下共同的舞臺，一流演員自然要有一流的欣賞家；一流學生自然也要有一流的教育工作者。有這樣一致的認知：究竟查不查堂，應該就不用討論了。

飛來的球禍

按時上課，準時下課，是建中老師的微妙智慧。晚個幾分鐘進教室，學生不大會怪你，晚個十秒鐘下課，臺下焦躁不安。有的跨出左腳、有的跨出右腳，眼珠子盯緊你的一顰一笑、一動一靜，眾目睽睽的眼神一致，都是作勢要往外衝。下課鐘一響，臺上有經驗的老師會馬上收兵，一句簡截了當、高亢宏亮的：「下課！」你就具備好老師的特質了。短短的下課十分鐘，如果你進退失據，不知及時喊卡，優良老師——你就輸在起跑點了。

不含夜校補校，建中班級數最多的時候總共九丨九個班，下課是什麼樣的場景？民以食為天，紅樓才子亦然，大多往合作社跑；再來就是抱著籃球往樓下跑，不要懷疑，從四樓狂奔直下，往籃球場跑的人還真不少。建中學生嘛！最能把握時間。君不見，朝會看《空中英語教室》、週會人手一書的畫面嗎？經驗老到的教書匠，下課盡量待在教室附近，這十分鐘是「球禍」的高危險時間。

＊

如果班級在一樓，棒球癡兩三人組遍地開花，雖然校規嚴禁投打，神出鬼沒的很多，校園空曠，教官出現，大家就鳥獸散，現行犯不容易抓。棒球變化多、失控率高，「乒乒乓乓……」砰地一聲，窗子破了，這小事一樁，賠錢了事，學生沒在怕的。建中別的公產都很老舊，就是玻璃始終澄澈如鏡。外行人以為建中學生愛乾淨，玻璃擦得潔亮；內行人一眼便知：「經常打破玻璃，換新玻璃！」

如果班級在二樓以上，懶得跑去球場的，或地利不便的，就在走廊NBA起來。自顧自來回運球穿梭，若有好友軋一角，配合防守的就更熱鬧；姿勢怪異的、動作大的頗不乏其人；撞到人是必然，學生只要會說：「對不起！」大致都沒人會計譙，因為同學嘛，大家常幹這些事，揮個手就行！可憐那些挺著大肚子的年輕女老師，下課往往左閃右躲，「過關」如「過火」，緊張刺激、驚悚萬分，為了保持良好風度，成就自由民主的校風，也只能臨淵履冰，自求多福了。

曾經有一位老辣的美女鮮師就很聰明，她的小老師除了負責收作業外，每逢下課，就要當個壯士，走在前頭，幫忙開道，這是貴賓才有的規格。我們必須說：「這位女老師有智慧。」至於經常怒氣沖沖地到學務處舉發告狀的老師，正義歸正義，看不慣歸看不慣，這樣日子會過得很苦。

*

照理說國語實小和建國中學不應該有球禍的糾葛，當兩校之間的校界，只剩象徵性的短牆時，竟然發生一件意外事件和一件霸凌事件。高中國小上下課時間不同，不會有交集，有一天下午第七節下課，捱著國語實小的正誼樓一樓班級，有兩位高三同學在停車場空地傳棒球。國語實小正在放學，空中旋轉的白球不幸失控，冷不防地一個大暴投，越過圍牆，打中實小高年級學生的後腦勺，應聲倒地。排好隊的路隊，像躲空襲一般，四處奔竄。最後，校方派教官和導師，攜水果一盒，前往謝罪與慰問。運氣好只腫了一個大包，冰敷一陣就沒事了。

比較想不到的衝突，是有幾位籃球場上失意的建中小將，翻牆撈過界，公然帶著籃球，在低矮的實小籃球場上瘋狂地灌籃，滿足自己的失落感，籃框變成仇家，灌籃像在洩恨一般。沒多久，有人發現事態嚴重，剛漆過不久的籃板被打得落漆，籃框被灌壞了，圓形的籃架歪了，鐵條傾斜了……實小一位志工阿嬤現場逮人，大聲咆哮說：「建中大哥哥啊！你們怎麼這麼會霸凌人呢？籃球架礙著你了？籃框跟你有血海深仇喔？非要大卸八塊你們才肯罷手嗎？」幸虧其中一位「滋事分子」是實小校友，最終以諒解收場。

＊

最淒慘的球禍，是體育課一顆棒球打到退休校長宿舍，屋內一塊老玻璃砰地一聲，驚天地泣鬼神，碎成一地，好幾隻貓身手矯健，沿著牆邊逃竄。一手還帶著球套的學生，愣在原地，不知如何是好？裡頭的外傭，受到驚嚇，一通電話打到教官室，控訴學生無故破壞，蓄意恐嚇，假退休校長之名，要求嚴辦。那位肇事的學生真的被帶回訓導處訊問，心生羞愧，在教官室恐慌了起來。上體育課的那個班，群情激憤，站在校長宿舍外頭議論紛紛，抗議聲愈來愈大：

「有那麼嚴重嗎？」

「又不是故意的！」

「以後誰敢上體育課？」

半小時後老校長回到家，了解案情，要求立即停止懲處，校園危機落幕。

＊

籃球場上激烈地搶球衝撞是勇士本色，進廚房就不要怕熱，打籃球就不要怕吃拐子。從一對一、三對三、到打半場、打全場，有幾個人不摔碎幾副眼鏡的、有幾個不吃蘿蔔乾的？身手矯健、球技精湛的，哪個沒傷腳踝上國術館貼草藥過？打籃球沒爭沒奪、沒衝沒突，撞個一跛一跛的，你就站一邊，不配跟人家品頭論足話英雄。

打球打到門牙斷裂的、咬到舌頭的、顏面劃傷的、流鼻血的、鼻中膈彎曲的，我見過很多，結果都成莫逆。在還沒有體育班的年代，我班上有一位籃球校隊，身長一九〇，又高又大又粗又壯，先天就是打球的料。有一回，幾位學生從週會課打到班會課，沒回來開班會，班長手機打了又打，硬是沒有回音，最後老夫派六百里加急的球差，前往球場「導師詔曰」。沒想到，竟然碰到想像不到的重傷害。

那天下午，我的球差帶回來的是：「單友直」把「李寧固」的兩顆門牙撞得連根拔起，呈現眼前的是雪白帶血的門牙，口頭報告說「單友直」他飛得天高，無人能及，空中還扭腰擺臀，強力而無敵地攬下籃板，眾人嘖嘖稱奇！誰知道落地那一剎那，高個子猛然一個無意識地肘擊，「李寧固」的門牙不保，那兩顆招牌的兔寶寶門牙被「抄家」了，一時血濺籃下，同學全看傻了。沒想到打球打成了難堪，打成了憂鬱，讓導師的我困窘無方。

看了一陣子的牙醫，那兩顆牙並沒有救活。從那一夜起，一心以臺大獸醫為職志的「李寧固」，開始做幾乎天天都一樣的夢。以前放學他都會到學校對面的植物園，和松鼠對話，一蹲下來，就是個把小時。自從門牙門前清以後，理想中的松鼠便走了樣，他經常夢到松鼠的兩顆大門牙掛在老樹上，怎麼拔都拔不出來，一晚增加一隻，後來有愈來愈多的松鼠門牙掛在樹上。

高三上第一次北模，數學特別難，偏偏坐在窗邊的「李寧固」的數學最弱。寫不到十分鐘，就趴在桌上發呆，他依稀彷彿地發現有一隻十分弱小的松鼠，兩顆門牙掛在建中的椰子樹上。在椰樹的椰影下，那隻松鼠已經奄奄一息、動也不動。

「松鼠的牙齒掛了，陷入樹幹中，愈拔愈陷愈深，我的數學一題也寫不出來。松鼠死了，數學死了，我的門牙回不去了。」寧固在數學答案卷上，歪七扭八地寫下這幾句話。

「李寧固」交完卷後，請一個月長假，回家調養，全家氣氛始終好不起來。更難過的是「單友直」一家人，從發生籃球場撞牙事件開始，三天兩頭就關切，有沒有補救的方法？能不能植牙？一直表明願意負擔所有的治療費用。同樣是屬於乖巧規矩的建中才子，李寧固與單友直內心深處都有說不上來的痛。

＊

隔了幾年，有一位從高雄北上建中編織美夢的遠地生，功課一直不振。大學聯考前一天，學校已經放假，他還在操場打棒球，忽然間宛如天外飛來的白色小球，幾個彈跳以後，結結實實地打中他右眼眉心，瞬間眼前一黑，他昏倒了。聯考無法上場，後來他戲謔式地偷偷告訴我：「感謝上蒼的幫忙，若不是急時暈倒，真不知我怎麼面對高雄的至親好友，拿什麼大學成績告慰老父老母……」

至於學測在自己學校考試，建中正誼樓二樓走廊前，佯作暈眩也想無法考試的「小孟」就沒有那麼幸運了。他老爸當著我的面，厲聲呵斥：

「少來這一套……要生病住院可以，這兩天考完，我帶你回家，好好看醫生。考試沒什麼好怕的？」

小孟站直了，考試鐘響，換一張臉，進了考場。球是該砸他一次的！

原載《幼獅文藝・青春點名簿》二〇一五年四月號

❞ 一叟小語

比起其他學校，建中健康中心的阿姨們十分忙碌，每天都處於備戰狀態。學生除了一般性的感冒、肚子疼、腸胃炎之外，大部分的緊急事故都來自於操場，尤其是籃球場，它是青春熱血的主戰場，體育課球場只有十座，學生幾百人，管你打得好不好？阿貓阿狗，拿到球就東投西射，四面八方來的籃球像子彈，彈如雨下，誰不曾這邊撞一下，那頭摔一跤呢？下課，不過十分鐘，總有一大群各路的籃球先生搶先佔領球場，瘋他個十分鐘，學生說「這叫爽」。

再會帶班的導師都不如運氣好，你千叮嚀萬交代：「打球要小心。」他說：「我知道。」哈哈，到底誰知道呢？萬一衝撞的結果是個重傷害，傷到自己終身遺憾，傷到別人遺憾終身。老師言者諄諄，是老師給自己的安慰劑。一旦抱著球衝向籃球場，學生就渾然忘我。彈無虛發，百步穿楊，是美技；屢投不進，再接再厲，是態度。球場無歲月，天天有傷患，受不受傷，才是為人師表最可怕的陰影。人家孩子交給你，我們怎能說沒有責任呢？可是碰到打球這種事，真是徒呼奈何！

前一天有人腳踝嚴重扭傷，我們馬上搬出「身體髮膚，受之父母，不敢毀傷」的懇切叮嚀；明天可能就有學生腦袋瓜縫個十幾針給你看，順便堵你的嘴。

校園安全不能只是活著就好，但是學生活得好好地，對老師來說，真的很重要。

人蔘王

「金在一」有很多外號，小韓子、高麗蔘、一哥……爸爸是韓國人，對韓國來講，在臺灣讀書的他，是韓國的僑生。他卻以中華民國僑生的身分來建中就讀，背景因素是什麼？一直是個謎，這不重要。在我們師生共同的記憶中，他是「人蔘王」，這比較有意義。

什麼時候班上下課流行比腕力，已無從查考。人蔘王比同學多兩歲，個頭雖不高，但粗壯得很，渾身是鐵。下課鐘一打，講臺正前方，他的位置附近總是擠滿了觀戰者，他不動如山，人蔘般的招牌笑容，短鬚微張。霎時，風吹草動，桌椅凌亂，隨意排成兩排，挑戰者明知不堪一碰，卻很享受被壓倒性一擊的自謔。「右手臂絕強是紅蔘，左手臂獨走是白蔘」，人蔘王說的，蔘蔘得意。

「預備…開始！」，「耶——」，一次兩個，應聲而倒，教室內笑聲不已。最後都是甘拜下風，沒人抱怨他年紀大，甘心折服於人蔘王的手下，感覺輸給吃人蔘長大的「金在一」，並不丟臉。

*

有一天，向來沉默寡言，窩在一角，不愛跟著瞎起鬨、綽號番薯的「坤地仔」，在眾人的狠激與慫恿下，這位三重人靦腆地上了比「力」擂臺。我回教室拿杯茶，親眼目睹一場殺戮角力，客客氣氣的人蔘王，捲起袖子，露出像槓仔頭又會跳舞的肌肉球，坤地仔手短，上臂和前臂長得一個樣。

公道伯阿正當裁判，一手扶著雙掌緊扣的龍虎掌，一手舉高高，然後短截急促的「開始！」一聲令下，「番薯加油，番薯加油！」……加油聲幾乎一面倒向個頭小一號的坤地。「坤地仔……加油！」、「臺灣加油……」、「番薯仔子加油……」連人蔘王都在滿臉通紅中噗哧笑了出來。「耶——」、「嘶——」、「耶——」、「嘶——」，交纏的魔手忽左忽右，臺韓無分軒輊。公道伯看我立於門邊沒走，煞有介事地說：「三分鐘到，不分勝負，休息再戰。」

我在一旁湊熱鬧，說了兩句：

「坤地仔是吃番薯長大的喔！番薯是臺灣的高麗蔘。」

「金在一，你的高麗蔘不行啦！你是韓非喔……」

大家都笑成一團，「韓非」成了他新的綽號，從我的角度看，其實金在一略勝一籌。離開教室，結果如何，我沒追問。坤地仔也闖出了名號，成績的壓抑讓他一直眉宇深鎖，一次勢均力敵，讓他揚名立萬，頓時笑容也多了。班上有兩隻「按手霸高手」，304成為名副其實的「比力班」。

＊

「韓非」的父親，事業經營有術，在臺北做藝品生意，賺他同胞的錢。韓非不住泉州街僑生宿舍，他住泉州街一處簡陋的雅房。他說爸爸是顆炸彈，天天盯他的功課，老媽出錢在學校附近租屋，讓他避避風頭。這倒是幫了他不少忙，翹家的、撞球的、玩樂的、愛打屁的等等，全匯聚在他的人蔘窩，有必要他會通知我關心某某同學，他的窩是班上的臨時收容所。

有天中午他被罰作「愛校服務」，拖完地，我蓋了章，順便跟他閒聊。我給他的結論是：

「你的身分特殊，成績不用操心，學習態度要好，盡心盡力就是，申請你們韓國大學應該沒什麼問題！……但我希望你國文最少要及格。中韓的民間友誼才會穩固……」

韓非笑了出來。

「老師我知道。」帶著濃濃的韓國腔。「老師我不要當僑生，我要讀臺灣的大學。」

「為什麼？你是韓國人，這很正常啊，臺灣沒有『比腕力大學』呢！」

「我喜歡臺北，喜歡臺灣的人民，喜歡臺灣的中華文化！」

「可是在臺灣考，沒加分，恐怕挑戰性高喔！……回韓國讀大學，再回來臺灣，沒什麼不行啦！」

韓非說了一長串：「為了這件事，我經常跟我老爸鬧彆扭。他要我讀漢城（已改成首爾）最好的大學。老師你知道我成績不理想，寧可重考我也不要回韓國讀書。我愛臺灣，我不要利用韓僑這個旋轉門回去……最重要是他要我讀醫科……」

我也耐心跟他閒聊：「天下父母心，這是可以理解的。我朋友為了讓小孩習醫，從小就費盡心思，後來去紐西蘭拿身分、讀高中，再以華僑身分加分優惠，回臺讀醫科，現在搞醫美，有聲有色啊！另一位醫生小孩從小拿綠卡，令尊應該也是這種心情。還有人遠走波蘭讀醫學系，也是一條路……」

「可是我就是不要讀醫科！」

「喔……」

「我的母親喜歡臺灣，他說這裡是有情有義的地方。」

知道他的泡菜父親會修理他，不管國文考多少，期末都給他六十。那個久遠的年代，段考成績單都用寄的。有一回他父親看到他幾乎滿江紅的段考成績，火速到住處逮人，押上車，直接駛上高速公路。找一個他高興的地方靠邊停，一下車就是國拳伺候，邊跆邊拳邊罵：

「你給我做個像樣的韓國人，不要給我丟臉，這種成績……僑生也沒有用……」

＊

有一個周末的午夜凌晨，國語、閩南語都講得很溜的阿姨，緊急跟我聯繫。金在一喝醉酒的父親將他趕出門，現在在林森北路麥當勞，請老師幫忙帶他回家。他阿姨電話那一頭千恩萬謝……謝個沒完。

一進門，他遵照母親的手勢，跪下，金爸爸踉踉蹌蹌大S形走了過來，酒氣沖天，忘了我這個老師是誰，兩個巴掌啪啪作響，接著是一大串我聽不懂的韓國話，我拉高嗓門：

「我把孩子給你拎回來了，你喝醉酒了，不要在我的面前打我的學生，我是林老師……要打等我走……」

媽媽哭了，阿姨哭得更傷心。他父親果真停下，跟我揮個手，以生硬的國語跟我說對不起。阿姨哭著跟我道歉：「很對不起，謝謝老師。」

門一關，屋內仍是一陣騷動。深夜的林森北路小黃大軍十分壯觀，車水馬龍，五光十色。粉汗香水，濃郁地噴灑在巷弄內，愈夜愈美麗，這是臺北的另一面。

畢業後，金在一就失聯了。

*

三十年後，輾轉得知韓非在臺灣，父母在韓國首爾養老，他把「阿姨」帶在身邊，仍作藝品生意，還是那一條熟悉的巷子，我們師生見了面。

「老師我有聽你的話，回韓國讀大學，學商的。老師現在起，我不是僑生了，我太太是臺南後壁人，我是臺灣子婿。」

「這好……這好……」

「我拿到臺灣身分了。……其實我是臺灣阿姨的孩子，姨丈是臺灣人，我是遺腹子，我的本家還真的姓韓。爸爸媽媽沒有生育，我的親媽媽就把我託給韓國的阿姨、姨丈了，我親媽媽沒再改嫁，我們就一直生活在一起。」

「喔喔喔！金在一？韓在一？臺灣阿姨韓國阿姨、臺灣姨丈韓國姨丈，你的出身還真複雜，我被你搞糊塗了。那以後不要叫你人蔘王，要改叫你番薯王了……」

「這也要坤地仔同意啊！哈哈哈……沒問題、沒問題……」

臨別之前，新的番薯王送我一株酷似人形的人蔘王。

「這是十二年生的白蔘，買一隻土雞擱在電鍋燉，水八分滿就行，告訴師母，其他什麼都別放，精純溫補，滋味甘醇。」

「番薯是補骨氣，人蔘是補元氣。哈哈哈……」

「雞是本地生，臺南後壁來的；蔘是韓國生，空運來的；我不是僑生，先父是在地的臺灣人……」

「韓非，你愈來愈會講話了……姓打算改回去嗎？」

「還是姓金好了。」

原載《幼獅文藝．青春點名簿》二〇一六年六月號

一叟小語

金在一，他兜了一大圈，還是選擇在臺灣，什麼樣的葉子就會落在什麼樣的土地，原本他就是這裡的人啊！他的骨血都是來自這裡的土文、水文、人文，遺腹子還是找得到根的。

三十幾年前，來自世界各地的僑生很多，建中泉州街側門邊，網球場那一帶就有一棟僑生宿舍，是特地為僑生闢建的。這個側門也不是側門，真正的身分是僑生進出專用的小門，說起來很久遠，知道的人就愈來愈少了。

我趕上最後幾年，還教過幾批僑生，巴拿馬、香港、馬來西亞、越南、泰國……各國都有。有一位泰北來的僑生，留給我的印象最深刻，他只少我兩三歲，才高一，一臉滄桑，話很少很少。他洞簫吹得好，夜深人靜，時不時就在僑生二樓右邊欄杆角落吹起，其音嗚嗚然，那時我住泉州街九巷教職員宿舍，探出頭就能看到斜對面洞簫客的身影。比起金在一，這位老僑生根在何方，就顯得模糊了。

拚命想尋根的他，只有洞簫是他心聲的出口……

這位從「美斯樂」往右拐還要走上五里路，連三餐都靠微薄補助才能勉強度日的泰北老學生，很難和臺北人打成一片。後來，託友人幫忙給他安排送報的差事，他才有更好的心情學習。讀完高二後，他輟學了。理由是他要回去當主任，加上他的兩個女兒很想念爸爸。很快會再回來完成學業，他告訴我，校長也只有高中畢業。不到半年，輾轉獲悉他死於一場意外，每每想起他都非常心酸，他淒涼低泣的洞簫聲，一直盤旋我心。

這位泰北老學生曾經告訴我，他們那邊不是每年都有人能過來讀書，我命過好幾年的海外僑生入學考試，主辦這個海外升學業務的單位，都是派專人搭飛機祕密攜著試卷到泰北山區，讓他們就地應考。聽他講述很多關於在泰北爭生存的故事，題目就愈出愈簡單了。

最怕想起泰北僑生的陳年往事，都三十幾年以上了……

“

我真的自己要買

節氣已入大雪，一大早卻天氣清朗，不像個冬天的模樣。建中一百一十七年校慶，人群一波波湧入。帶高三沒什麼事做，等老學生回來敘舊，表示自己還在，而且是健在。

司令臺右側冠蓋雲集，握手握個不停。左側等待受獎的老師們，顯得安靜許多。冬陽刺眼，穿西裝打領袋，身體發熱，東張西望，覺得自己有點躁。在左前方椰子樹旁，忽然看到去年那位房屋仲介的校友，他也看到我了，感覺到他的不安。我轉移了視線，很快他就不見了。樂旗隊與橄欖球隊表演完，校慶大會開始。

*

校慶典禮結束，回到莊三，我心頭湧起一場兩年前校外的師生對壘。甫坐定，還來不及整理自己的情緒。座位後方正進行一場師生的對辯，師生的聲音很溫和，內容很敏感，這場仗不好打。我自己是老教員，知道資深老師的心情，這個較勁的畫面，很難得，但很典型。整個偌大的辦公室，只有他倆在一對一折衝樽俎，還有我這隻公然在後的老麻雀。

「你家住得近，為什麼不早來學校？」

「你不早來，就沒法掃地，衛生就有問題！」

「公領域該做的事，你都不理，態度也不好。」

「班會時，幹部希望你改善，你回話很沒禮貌。」

「衛生股長要你按時到校，你就是不肯調整作息。」

——我沒有早到、沒有掃地，是我的不對，我承認。

——我覺得這跟我的態度好不好，沒有關係。

——幹部檢討得失，提出反駁，是我的權利。

——我覺得這跟有沒有禮貌，應該也沒有關係。

寧靜的交鋒，話題什麼時候結束，我沒注意，只知道過程很平和。他們離去時，我分別和敬愛的同事、可愛的駝客說再見。聞詩聞禮是這位老師家庭底蘊深厚的人文素養，敢衝敢言是這位駝客辯才無礙的舌戰。

教書半輩子，見識到還有更韌更柔更愛的資深同仁；建中三十幾年，領略建中後浪前浪浪浪高的紅樓人間。才子了解捍衛「禮貌」的行止，已經懂得人的價值；了解辯護「態度」的良窳，已經懂得人的尊嚴。我崇敬的好老師，你一定看到駝客的從容與理性；我尊重的好駝客，你一定看到老師的傾聽與淡定。

*

椰影金光，畫面十分清晰，那位仲介校友從我的記憶裡走出來，想想我是應該好好痛罵他一頓，比起剛剛那一場直率的師生攻防，他少了一點真誠。重看我手機回覆對方的文字：「知道你是建中校友很高興，沖了熱茶等你。發現你一路騙我，我只能感到難過。」記得第一天晚上，張經理笑容可掬地進了我家。長得相貌堂堂，壯碩英俊，行禮如儀，我的茶水熱情升騰。他拿出仲介公司的L夾，要我簽字同意。老夫心知不祥。

「我想買老師南港樓上房子，需要你配合幫忙。」

「我想變更結構設計，想請老師簽字同意。」

「是我朋友做仲介，我要跟他買，我需要多一套衛浴設備……」

「我是真的自己要買，我爸爸年紀大，需要多一個房間。」

「老師，我真的是自己要買的，我高三導師是褚老師……」
——「我只說同意你裝潢，沒說簽字同意你變更設計，這是違法的。」
——「這一間老房子，我也想賣呢！」

「你是母校老師，我是校友，幫個忙都不行嗎？全樓只欠你一戶同意，這種事沒人知道，你就不能幫忙嗎？」
「你說給你導師褚老師聽，他支持的話，請他打電話給我。違法不行！」
「我跟你說實話，沒想到老師這麼不通情理……」他忿忿離開。

＊

第二天晚上。「叮咚！叮咚！……」門鈴響起。
「老師，不好意思，其實我是做仲介的。樓上買賣不成了……」
「喔……不是我耽誤你吧！」
「沒……是他急著要出國了，談不攏，買主不想買了。」
「我有跟買主講，你也要賣，他有興趣……」
「我沒說現在要賣啊？」

「老師，我們也可以先跟你簽約，一年後再來交易。」
「我現在沒要賣啊……」
「老師，這種房子不會有奢侈稅的問題……」
「來來來，我們喝茶，這是凍頂烏龍，不談房子……」

＊

第三天晚上十一點半。手機響了……
「老師，樓上買賣又談妥了。方便簽個同意書嗎？」
「我問過了，你要先到營建署申請結構變更，通過了我就簽字。」
「可是，只要你簽了，我買賣就成了。老師不能幫一下忙嗎？」
「來，明天週末，你明天晚上來，我真的請你喝茶。」
「老師，我爸爸病重，媽媽洗腎，妹妹有罕見疾病，這個買賣你點頭就成交了，只要沒人告，政府不會管這種事的，這個忙你真的不能幫嗎？」

＊

第四天一早收到一封限時的掛號信，內含同意書附回郵，寫了滿滿三張，述說他家境的坎坷，字跡十分潦草，抄了很多名言佳句，感覺像極了百貨公司一樓化粧品的豔氣。讀不出他的悲愴，我回了兩封短信，裝進回郵信封。後來就沒有下文了。

*

（一）

張經理：

我將沏一壺最濃的茶，好讓我精神奕奕對你說。

當清輝涼夜，一派秋色，坐穩，對著月你聽著。

我將低語，以一個垂垂老矣的諄諄感慨，說話。

親愛的校友：

我多麼想讓你知道——你說的沒有一句是實話。

我多麼想讓你知道——人之視己如見其肺肝然。

我多麼想讓你清楚——誰都明白：「不誠無物」。

我多麼想讓你清楚——觀其眸子，人焉廋哉啊！

我多麼想好好提醒你——你老師絕沒這樣教你！

我多麼想好好提醒你——建中的傲骨長這個樣？
我多麼想訓斥你——你不知我生氣，我有多羞愧。
我多麼想訓斥你——你所說的導師，是非很分明。
我多麼想打你一巴掌——建中人頂天立地都來不及了。
我多麼想踹你一大腳——建中人明月清風都做不完了。

建中一叟

（二）

張經理：
來的時候，如果你說老師對不起我騙了你，我會激動。
來的時候，如果你說老師工作性質害了我，我會拍手。
來的時候，如果你說老師主管逼我這樣做，我會領首。
來的時候，如果你說老師我很對不起建中——
老夫會五指伸直併攏，兩眼直視，驕傲地向你敬禮！

親愛的校友：

入夜了，等你來喝茶。我的兩個孩子你學弟，陪你。不談房子，也不談是不是你真的要買？喝茶夢紅樓。

建中一叟

*

建中校慶向來人潮不斷。見了不少學生，一波波照相、說糗事，同學笑聲不止。一天下來，比平常上班還累。傍晚時分，收拾包包，我帶著學校發的餐盒，準備回家，老妻最愛吃麵包了。

沒注意動靜，那位張經理竟然站在眼前，我往他身上打量。

「林老師，我剛剛在操場看到你受獎。」他臉紅，話吞了又吐。

「我也有看到你。喔，張經理好……」他臉更紅了。

「老師，南港買賣的事請你原諒。不瞞你說，我有偽造你的同意書，簽名用印。可是後來他又反悔不買了！」

「喔……」我怔住半晌。

「老師對不起！你說對了，我沒說一句真話，你的信我看了，很不好意思，對不起。我現在再去讀碩班了。」

「好！很好！沒事沒事，加油！」我們手握得很緊很緊。

「謝謝老師。」

「我沒搬家，來我家泡茶，鹿谷凍頂烏龍，正宗的。」

「老師再見！」

「鏡子只要不摔破，它都是光可鑑人的鏡子。來，這盒餐盒送你！」

「不不不，不行不行！」

「你一定要拿，學校的餐盒，小東西，我家沒人愛吃，幫幫忙、幫幫忙。」

早熟而滄桑的傻笑，他帶著自信的背影離去。我們揮了揮手！

原載《幼獅文藝・青春點名簿》二〇一六年元月號

一叟小語

教書也是服務業，而且服務的對象不限於在學或校友，不限於自己教過的學生或是沒教過的學生，一日為師，終生服務。張經理是仲介名片上的頭銜，第一次見面就知道他是菜鳥，站在他背後的才是如假包換的經理，「張經理」，只是別人掌中的傀儡尪仔。

一年後，樓上交易成功的房子，買家還是違法偷偷變更設計，隔成四個房間「單身雅房」租人，後來是張經理的真正經理促成這一筆買賣，樓上新房東告訴我的，並且問我賣是不賣？現在價錢很好，他也想買來當包租公。我只淡淡地問他：「你破壞房屋結構，這樣是違法的，這棟樓就成了高危險房子……」他高姿態地說：「我們有去營建署申請變更，通過了，通過了，安全無虞……放心放心。」

他有辦法，硬是大興土木，我不住這裡，很少進出，徒呼奈何？

小學到高中，十二年的養成教育，擋不住惡臭臭的大染缸。張經理可以滔滔不絕，胡言亂語，說得天花亂墜，黑的硬生生說成白的。滿嘴騙人的假話，可以說得臉不紅氣不喘的。我們得承認，社會教育比學校教育強大多了。樂觀的老師會覺醒：「臺上對臺下，該有多大的影響力！」悲觀的老師會沮喪：「臺上對臺下，能有多大的影響力？」

“

4

生命的價值

後母

陳大豐瘦瘦長長的，升旗排面班第一個，站在隊伍裡特別突兀，很快就聽到他的綽號——「竹竿」，取得真神，我心裡偷笑了好幾回。他的手纖細如繩，深怕他不小心打結了。講起話來嗓門兒特別大，表情誇張又張牙舞爪似的，一下子我就認識他。沒多久，幾位任課老師竟然紛紛抱怨起他來了。

「你們班的課真的上不下去了，那隻蚊子每次都嗡嗡嗡，問個沒完。」

「那個『18號』喜歡譁眾取寵，數學不好又愛搗蛋！」

「開口閉口就他奶奶的！他奶奶的！奶奶個沒完……真想揍他一頓！」

雖然上課好辯亂問，他的文章卻引起我的注意，筆調驚悚駭人，我對他十分好奇。大多數的學生慣於套公式，寫作文像解物理、演算數學一樣。陳大豐的文章不一樣，批判性強，逢事必反，議論大膽；不過常走偏鋒，牢騷滿腹，每篇文章都像在衙門口訴願鳴冤一般，文不驚人死不休。雖然一筆反骨，至少他敢想敢寫，我總是朝著「言之有物」的心情，細讀他的作文。

教室裡的風暴，很快地燒到我的領土，「中華文化基本教材」燒起來，他才一瞪目，感覺就要兵臨城下了。班上同學的表情很無奈，有的近乎不屑。

「老師，你整天就堯啊舜啊，天天在賣這兩家店，好嗎？有人考證大禹是條蟲，老師，你還相信有堯有舜嗎？我很想聽聽你心裡的真正想法。」大豐說。

天啊！難不成他已經看過顧頡剛的《古史辨》？建中人沒什麼不可能，高中三年讀完原文版《資治通鑑》、《史記》的大有人在，至於精讀《資本論》、馬克思、尼采……等，也頗不乏其人。他臺下搦戰，我不能隨便敷衍，丟盔棄甲，也很懦弱；這事兒要強渡關山，帶刀上陣，老夫我直接應戰。

「這個問題問得絕，讓我離開講臺的身分回答你。如果你要問有沒有這些人？這些傳說中的人物，我沒辦法證明有或沒有。有沒有堯？有沒有舜？有沒有禹？這並不重要，有沒有唐？有沒有虞？有沒有夏？那些個國號，也不重要。但是，有堯禪讓給舜、有舜禪讓給禹，這個思想很重要。它價值連城，如果能證明沒有堯、舜、禹這些人，那麼創造這個讓位思想的哲學家就太了不起了。在家天下的時代，世襲罔替、兄終弟及，能提出禪讓舉賢的思想，能不偉大嗎？」

「嗯，老師我服氣！」他眼神溫和很多。不久，又舉手提問。

「孔子他說：『孝哉！閔子騫，人不閒於其父母昆弟之言。』你的評價如何？」

「在《韓詩外傳》關於閔子騫的記載有：『母在一子單，母去三子寒』的故事，他是個孝子……」大豐突然強行岔話，阻止我繼續說。

「老師，我是想聽聽你的評論……」

「從我的角度看這件事，不要只在孝道的層面著墨，閔子騫的話也可以當智慧讀……」

「嗯，老師你格調唱得太高了！我尊重你的說法，但沒有完全說服我，有點抽象……」

＊

第二週學校日，我刻意注視坐在陳大豐座位的家長，講桌正對面數過去第四個，我惦量著，是她母親出席，她慢條斯理地整理陳大豐的抽屜。穿著簡樸，脂粉不施，不發一語，靜靜地聆聽。班務處理完，已九點半了。她刻意留到最後，等所有家長一一和我打完招呼後，她趨前表明身分，並示意一起離開，邊走邊聊，到莊三辦公室拿包包，我們繼續走下樓。

「我是大豐母親，陳大豐悶葫蘆一個，讓老師很頭痛喔，個性又怪得很……」
「不會啊，他上課最有發表力，滔滔不絕呢，跟你說得完全不一樣……」
「是嗎？真的？……那就好……那不打擾老師了，麻煩你了，他爸在上海……」
「真辛苦，現在的父母真不容易，我們常聯絡喔！再見，晚安……」
「謝謝老師。」

＊

陳大豐的功課她盯得緊，第一次段考結束，從學校成績系統輸入查知，陳大豐滿江紅，連課堂好問好學的國文都不及格，我心裡悶得慌。她打來手機：
「林老師，大豐段考沒有一科及格，這怎麼辦？」
「我再鼓勵他，別擔心，他行的……」
「謝謝老師……他父親會罵死我……」
「孩子的事孩子自己負責，別太自責……」
陳大豐課堂上的衝勁兒不見了，靜默如啞。地理老師苦笑地說：
「現在的陳大豐像臺灣的河川一樣，屬於荒溪型，平常乾枯，愛流不流。等到來一場暴雨，就土石流，河不由道，四處橫行……」

「現在成了一條小溪……可惜不太唱歌給人聽了……」我也開了個玩笑。

第二次段考，成績紅成一條岩漿。這一回陳先生從對岸打來，直接說：

「你是林老師嗎？我是你們班陳大豐的父親，高二嘛對不對？我人在上海昆山，我內人說他的成績很糟。高一也是這樣，為什麼到了建中就變成這樣？……」

「不好意思，我們一起來幫他診斷、找盲點，好好給他打氣……」

「我在上海，管不到他……老師我憋很久了，真的不吐不快，他國中是拿市長獎的……怎麼到了你們建中就變這樣……」

「真的很抱歉，不要光看成績，我們要問他學到了什麼？哪裡可以更好？不要拿成績逼他，這樣不好……」他沒在聽我說話，我說我的，他說他的。

「他國中很聽話，怎麼到了建中就不聽話了，他真的是從阿扁手上拿市長獎的……」

「容我說一句沒有意義的話，來建中的大多是拿市長獎的……」

我們的對話忽然停了一陣。

「不好意思，拜託你啦！老師……」

「不好意思，我會努力……」

＊

抽搐的飲泣聲，從電話那一頭傳來，某日晚上十點，大豐母親邊說變哭：

「老師，今晚大豐和我大吵了一架，平常我們不講話的……老師麻煩你明天跟他談談……」

周五下午第三節是社團活動課，我約陳大豐單獨聊一聊，借了校友會第二辦公室，這是最寂靜的幽室。

「大豐啊！有話好好說啊！……怎麼跟媽媽吵嘴呢，這麼大了……」我拍了拍他肩膀。倏地，他歇斯底里了起來。

「他不是我媽！他不是我媽！他不是，他不是……」

「別激動，別激動……慢慢說……慢慢說……」

老師，我的母親不在了，我國三上她得乳癌，建中開學第三天，她病故。現在和我住一起的是我後母，她是我爸上海的小三，不是我的親生母親。我很恨她，害死我的母親，當她進門後，我父母等於雙亡了。我恨我的父親，我媽走不到半年，她就進門了。

媽死後，外祖母私底下告訴我，因為父親外面有女人，忿恨之餘，所以我的母親不願意開刀治療，其實她只是二／三期，醫生很有把握的。父親從來沒有提起，自始至終我媽都沒在我面前埋怨過，只說她生病，要接受自然療法，一切看天的意思。我很孤癖也很暴躁，我覺得這個世界對不起我，天是幹什麼的？地是幹什麼的？為什麼倒楣的事都在我家、都在我身上。

「你的心情我可以理解，換作我可能會自暴自棄……你不錯，還能考上建中。」

「我是替我媽考的。我媽說你爸爸上海有小三，我只希望你考上一所好高中，這是有生之年我唯一的願望。」

「你做到了！」

「我程度只是中上，我是為我媽讀的，真的不夠格來建中。」

「你做到了！……給你後母一條路，也給你自己一條路。也許不完全如你想的那樣……」

「老師這是不可能的事，我是我媽的兒子，她是毀了我媽的人……」

「平常在家你們不說話嗎？」他沒答腔。

「謝謝你告訴我這些，你相信我，老師很高興。我會保密……咱們再聊……」

＊

到了高三上，某日，陳大豐的後母約我聊聊。建中對面歷史博物館二樓咖啡廳休館，我們折回建中。

「老師你好，大豐服你，所以請你多幫忙。我不是他親生母親……」

「嗯，大豐跟我提過，我知道這回事。」她有點訝異，沉默半晌，我們坐在紅樓前環形的瓷磚上。她背對著穿透紅樓直射而來的陽光，黯淡中感受得到她的無奈與堅韌。

「他都跟老師講了……那就好，我不用重複。」

像講一個跟自己毫不相干的故事一樣，她淡定平靜地說：

還有一件事，沉澱了很久，我想跟老師說說，臺灣我沒有親人，就跟你說說。大豐他母親，知道我跟陳爸爸的事，得乳癌不肯就醫，是為了制裁陳爸爸，要他一輩子良心不安，這信我在上海親眼看過，我也不安。我從上海來就是為了照顧大豐。但是大豐完全不領情，我就像他的仇家，這一年半載我非常痛苦……

更難堪的是……大豐爸爸在那邊又有了新歡，有一段時間我沒跟老師聯繫，是我陷入人生最大的矛盾與折磨。曾經因為是小三傷害了別人，新的小三來了，我這個舊小三成了無人可以訴說的怨婦。不怕你笑話，實在是完全無助，不知該怎麼辦？

上天並沒有給我喘息的機會，上週醫生宣布，我得了乳癌，跟大豐的媽一樣。我比較嚴重，三期到四期。我一定得找一個人說，老師你年紀大，我信得過，我怕來不及，萬一……我決定開刀接受化療。我有莫大的責任，我要為大豐媽媽那苦命的女人做點事，算是我小小的救贖。我希望大豐能鼓起一股力量，好好考一所好大學，讓我對得起他媽，慰她在天之靈，我才能放心地走。

＊

第四節下課鐘響了，我班教室就在辦公室旁第二間，看著大豐拿著便當，迎面而來。

「老師，請教你一個問題，關於管仲是不是仁者的問題，子路和子貢掀起了教室的風暴，跟孔子直接槓上。想問問老師你的看法？」

「好問題，下週文教課大家來討論討論，你先開第一槍。回去再想一想，希望你比子路和子貢聰明……等你來挑戰！」

「有意思！」

「大豐，來，你坐下，老師有話跟你說……」

我把大豐後母的祕密，簡要地跟大豐提示。

「……」

＊

兩週後的星期三。

上完兩堂課，搭小黃直奔「宏恩」，這所仁愛路上老牌的私立醫院，進出的人很多。開刀房外頭「手術中」的紅字斗大地亮著，陳大豐坐在長條座椅上，頭低低垂著，都快掉到大腿之間了。我拍了拍他的背，他抬起頭，雙眸滿布紅絲。打開他後母前一晚發給我的簡訊，遞給他看：

林老師：您好！我明天上午開刀，大豐主動說願意陪我，我好高興。我已是個半癌末之人，無人可以訴苦，大豐的父親一直在大陸經商，我發現他在蘇州另有女友，我已一無所有。我是他父親的小三，第一個對不起大豐媽的女人，這一直是我的陰影。他爸要不要大豐我不管，我要活下去，幫大豐再考個好大學，以慰他天上的媽，老師你要好好幫我，也許我只有這個機會！我要用我的方式贖罪，我們生活無虞，不用擔心……

陳大豐的父親，風塵僕僕趕來了。

「老師，他是我爸……」

「陳爸爸你好，大陸辛苦了。」

「我一早趕回來，最早一班的……」

「那我先走了，下午還有課。陳媽媽醒來，幫我致意一下……」

「謝謝啦謝謝啦，送老師送老師……」

父子倆都走了出來，陳爸爸緊握著我的手不放。

「請留步，陳先生，祝您夫人早日康復……我跟大豐說個話……」

「謝謝老師，謝謝……」

我們倆閒步到了樓下，嚴肅地面對著他，我深呼了一口氣，兩隻手攀著他的雙肩，斜仰著頭看他。

「你已十八歲了，腦子清楚，你父親的事，他自己處理。」

「你的事你要自己處理，我很希望你在最適當的時機，叫她一聲媽！」

一叟小語

「後母」雖不必是個貶詞，然而由「小三」轉為「後母」，這顯然有很大的挑戰，悖離人倫以外的脫軌舉措，通常都要付出很大的代價。「陳媽媽」，是我所僅知的稱謂，小三也好，後母也好，當她決定來臺照顧她對不起的女人的孩子時，這不需要很大的勇氣嗎？「陳媽媽」這三個字，她是站得住腳的。只是，這一段的水到渠成，實在太迂迴曲折了。曾經是別人婚姻的介入者，不旋踵間，又成為受害者，還要面對婚姻的背叛者，這種角色扮演，實在很衝突也很煎熬。

課堂上，陳大豐問我閔子騫的故事，這裡面所隱含的苦楚，現在想起來才恍然大悟。我有再好的說詞，都沒法給他們家量身訂做他要的母親。大豐要的母親，大豐自己要努力去調整；後母要定位的媽媽形象，後母要自己真心去形塑。這個茫茫的社會人生，雖然很多元也很複雜，卻很少有這麼悲慘的，可是也很少能擁有這麼好的契機的。如果你一定要問我，最後陳大豐叫了她一聲媽了嗎？我給你的暗示是：人性良善的那一面，人人都有，後母唯一想做的救贖之心，不就是人性的光輝嗎？

後母幡然改悟，她做得到的慈悲，是一種力量。新小三是舊小三的磨難，既是沉痛的深挫，卻也是她人性不斷挺升的堅毅。從「女人何苦難為女人」，進而「為母則強」，存在我們身上的人性，本來就有美好的可能。不要對我們的人性失望，生之謂性，學生吧！

媽媽不疼我

「叮咚！叮咚！叮咚！叮咚！……」大年初一，電鈴聲很急。

「老師，我是張筱文，來給您拜年……」

筱文的哥哥是我建中學生，在臺南當醫生，恩師長恩師短，時時掛在嘴邊兒。根據她的說法，大學重考那一年，老夫幫她把作文救起來，臨門一腳，上了臺大醫科，自然也是恩師，現在也在行醫中。這些年大年初一下午，他們總會來寒舍走春拜年，是我們固定的師徒會。今年（二〇一六）狀況特殊，「二月六日高雄美濃大地震」，我那寶貝學生被成大醫院緊急召回，這個春節假期就在醫院過了。

我們又有聊不完的話題，和她哥哥光聽不說迥異，筱文的風格就像一條白練凌空而下，不止不休，又快又準，直瀉到底。

「你哥有你一半兒就好了，嘴皮子像上了拉鍊一樣，緊抿著嘴，將來能幹什麼大事？你媽老是嘆氣，講起話來囁囁嚅嚅地，做什麼事都瞻前顧後，怕東怕西的，男人味兒太淡了……以前你媽媽不怎麼放心他……」我戲謔的說。

「老師，不呢！這幾年我發現我老哥比我強太多了，他是不違如愚呢！不是我媽說的那樣啦！高雄大地震臺南傷得最重，他主動打電話要同學趕快下去，還給陽明、北醫的老朋友提醒，準備下去救人……」

哥哥下臺南救人，今年缺席。她說了一段自己、媽媽和建中哥哥的故事，看起來會聽一陣子，茶煙裊裊，打開她帶來的太陽餅，聽一女中的儀隊——長腿姊姊新正講古。

＊

從小，我們一家四口，其樂融融。爸爸是企業界高階主管，媽媽是中學校長。每天晚上，吃完晚餐，我們全在那個叫做「乘時齋」的書房內，五坪不到，各忙各的事，溫暖無比。

我個性比較外向，活潑開朗，喜歡團體活動，朋友很多，功課也很好。上北一女以前，我一直認為再也找不到這樣的神仙家庭了。當我愈來愈大，懂的事愈來愈多，特別是有一個建中哥哥做對比，我愈來愈孤單。

論功課，哥哥比我優質，從小到大都是第一！第一！第一！論聽話，他比我言聽計從，在班上他永遠是模範！模範！模範！校長主任表揚他、老師誇他、同學羨慕他，爺爺奶奶惜命命，外公外婆疼入心。到哪裡都人人誇、人人愛。其實我並不以為忤，也認同哥哥的形象，這都是他該得的。

記得我高一、哥哥高二那一段時間，是我最心寒、最慘澹的歲月。書房內開始出現詭異的氣氛，哥哥從百依百順變成生冷緘默，叛逆的青春雖然來得晚，感覺力道不小！我經常聽到很有威嚴的校長媽媽，嚴峻地告誡老哥：人生不是只有讀書，我希望我的兒子將來是個有擔當的男人，做什麼事都要計畫周詳，才能讓父母放心。像你這樣下去就只會是個書呆子。交朋友不會選擇、時間不會安排、做人沒有主張、做事不能果斷、只會當人家的跟屁蟲、出門從不會打電話回家、手機不是關機就是已讀不回、不知進退、沒有領袖的風範……整天搞叛逆，放出去就是收不回的風箏，長不大就算了……也不知為什麼，媽媽對他的要求愈來愈嚴，限制愈來愈多。哥悶葫蘆一個，看得出他不開心，打從心裡不服。

＊

「媽，我明天社團要排練，就不回家吃飯了？」

「不行！最晚六點回到家。」——書房的回音冷冽嚴峻。

哥哥走出了書房，回眸那一瞬，目光稜稜如電，難得的憤怒寫在他臉上，爸爸媽媽沒見著。

過了幾天，哥哥又提出要求，眼睛沒正面瞅著媽媽。

「媽，我們周六上午練合唱，下午想跟同學去看電影。」

「你那什麼態度啊！練合唱可以，看電影我們全家一起去。」

哥哥沒敢吭一聲，緩步走回座位，拉出的椅子嘎嘎嘎一長聲，似在哀鳴。爸爸轉過身來，欲言又止，我們倆眼神緊張交會，又各自瑟縮了回去。媽媽沉著又自信地端坐著，看上去就是校長肅肅整整的威儀。

「媽，禮拜六禮拜天我們要做田野調查，去宜蘭的棲蘭、牛鬥，要住一晚……媽，沒去不行呢，螢火蟲晚上才看得到……沒去同學會說話，沒去會被同學訐譙……」

「什麼時候學會髒話了，長大了？建中就可以這樣講話嗎？……」

停了一下，媽從頭到腳給哥哥打量一遍。

「棲蘭是去看神木群，三峽比較多也比較方便……告訴同學改去三峽，我幫你們負責吃的住的……」

後來哥哥沒去棲蘭山，以後他就什麼都不提了，靜靜讀書，乖乖考試。

＊

哥哥得不到的，我統統都有。我要得到的，哥哥一無所有。同樣是高二，我也有我的社團，我也有我美麗青春的歲月。我都趁著爸爸哥哥不在的時候，向媽媽報告。我是標準的老二哲學，比哥哥懂得如何見機行事。

「媽，生物研究社要跟建中聯誼，下週六考完試去淡水，可以嗎？」

「可以啊！」

「媽，學校儀隊要團練，高一升高二這個暑假每天要練習呢！」

「當然要去，團體活動！去去去……」

「我們國中同學生日，他媽媽邀我們這群死黨，去陽明山她家別墅慶生，過夜，行嗎？」

「幾個人？沒問題，她媽我熟，注意安全就是。晚上出門要成群，不要落單……」

每一次的懇求，都是沉重的傷害！給我一個「不行」都得不到。從此書房成為我的夢魘，天一黑，莫名的恐懼就上來了，書房愈來愈靜，靜得如一片死寂。

我的高中人生一切都一帆風順。親子之間一點阻礙都沒有，一點質疑詰問都沒有，媽媽對我和顏悅色，就是個不折不扣、既典型又慈祥的母親。我該慶幸嗎？我該驕傲嗎？我該覺得受寵若驚嗎？當時總認為原來媽媽比較疼哥哥，怕他這個怕他那個，這裡不放心那裡不放心，愈怕不是愈愛嗎？愈放心不是距離愈遠嗎？我多麼希望媽媽罵我一頓、兇我一次、那怕是委婉地拒絕我一次。多麼渴望享有一次母親的責備。

＊

高二下開學不久的一個夜晚，老爸出國，媽媽參加全國校長會議，哥哥參加校際醫學聯誼，統統不在家，我是大家放心的高中女生，一個人在家誰都不用擔心的女生。

那一夜，整個書房是我哭泣的汪洋，無波無瀾卻心如刀割，我放聲大哭，把春夜哭成秋夕，把滄海哭成桑田，把一座森林哭成一條河。為什麼要這樣對我？

春月普照，我是遺落在斗室的一粒微塵。

忽然間，眼睛的餘光飄向右前方三十度角，哭腫的心發現媽的日記沒收。我走了過去，日記陳鏽的鎖忘了扣上。窺看別人的隱私是不道德的行為，清白的家訓昭昭，媽媽帶頭做給我們看，從來不看我們的私祕，神聖的教育從尊重開始。

我不敢也不能，離開了媽媽的座位。另一場嚎啕淹沒了我的心……可是……有太多的為什麼？等著解密。我重新走近……母親的神祕……日記。

人家說豬不肥卻肥到狗，真的是這樣，如果我那女兒倒過來是個兒子那該多好，她聰明懂事、她熱情大方、她善良賢慧、她氣質優雅、她婀娜多姿、她是個迷人又耐斯的仙子。誰家娶到她，誰家祖宗三代有德……

一篇一篇都是媽媽的欣慰。

兒子啊！人生不是只有讀書，你要壯大自己，做個有擔當的男人，男人在哪裡肩膀就要到哪裡。畏畏縮縮、患得患失、輸不起又怕別人贏你，我們什麼時候才能放心呢……唉唉唉……

一段一段都是母親的操心。

有喜極而泣的淚水、有悲從中來的淚水、有破繭而出的淚水、有自討苦吃的淚水……我疲憊至極，夜已深沉，月如鉤。東方將白，我拖著自責而愧疚的腳步走出書房。好久沒有這麼渴望和一家人團聚……

＊

「來來來，好感人的故事，不是虛構的喔！」

茶涼了，我給她換上一杯熱水。

「老師，這一段我都跟我哥講過了，但還是別跟我媽講……」

筱文妝都花了。

「我過去對你哥的認知，跟你媽的想法很近呢！……」

「哥學生時代是有一點，現在完全不一樣了！很老練了，我佩服他……」

「那我跟你媽媽都沒做好，哈哈哈……」

「老師我打給我哥，你跟他說兩句。他好棒，他天生就是個好醫生……」

我接過筱文的手機，兀立窗前，說著我們師徒的通關密語，深怕她偷聽了。

原載《幼獅文藝・青春點名簿》二〇一六年三月號

❞ 一叟小語

她說這是一段祕辛，如果這叫祕辛，家家不都有祕辛嗎？孩子沒有說出來的心底話，就是祕辛。孩子告訴過你——她（他）的祕辛了嗎？你聽過孩子的祕辛了嗎？筱文媽媽的日記中對筱文哥哥的認知，看似誤解，其實不是；後來他成熟練達，也是真的。成長就是蛻變的過程，每個人都有稚嫩到成熟的履歷。哥哥和妹妹，是不是都曾覺得「媽媽不疼我」呢？

做父母做師長的，千萬別以為孩子不說話就沒意見：別只迷戀大海的廣闊無邊，也別只徜徉大海的汪洋一片，風平浪靜的淵深之處，常有不為人知的暗潮洶湧。不怕波瀾的起伏不定，有潮汐就有來回，潮來潮往叫做潮信；有日出就有日落，日來月往，月來日往，叫做明信。青春期的孩子再怎麼叛逆，都有一定的軌跡。我們在乎將心比心，我們就會企盼進入孩子的內心世界；孩子能夠設身處地，孩子就會渴望投入我們的懷抱。不讓祕辛成為祕辛，就要有傾聽的習慣與包容的智慧。

不要讓親子、師生多了一層隔閡，這一篇親子之間是不是都犯了溝通不良的毛病呢？做父母的有話要對孩子說清楚，對哥哥的要求為什麼都不准？你自以為是的不放心，換個思考就是過度保護，你的層層限制是不是成為他更懦弱的原因？做孩子的有什麼疑慮，有話就說出來，不要讓祕辛永遠成為祕辛，父母、老師不方便講，還有同學、朋友呢！

做人家孩子的，千萬不要以為父母堅持的意見，就是冥頑不靈的權威。強勢主張的背後，往往有他們人生歷練的領悟；喋喋不休的囉唆，往往有他們不希望你重蹈覆轍的慘痛教訓，他們吃的鹽巴真的比你的白米飯多很多。做人家學生的，千萬不要以為老師的職務，是專門找學生的碴。老規矩是老生常談的軌範，如果不是普世的真理，它能讓老生常談三千年、五千年嗎？妙的是將來你也會接著講，恐怕還會更嚴厲呢！

倒頭栽之土豆茶事件

很少人確切知道代課老師「倒頭栽」（倒栽蔥）的來歷，我記得可清楚了。坐在講臺右後方，歷史課是沉悶的高二生涯，唯一興致勃勃又沒壓力的一門課。他長得英挺清瘦，總是穿著改良式唐裝講課，雖然少了把扇子，古味仍是十足。青白的臉色，留了一撮稀稀疏疏的短髭，多了些滄桑味。比起其他老師，他年紀不大，還難掩幾分銳氣。

他一上臺，起初滿口「究天人之際，通古今之變」，令人心生敬畏；然後原形畢露，馬上消遣那位太史公：「為了幾句正直的諍言，丟了兩顆蛋蛋，李陵有沒有感激他，我沒有把握。換作是我蛋蛋第一，其餘免談。身體髮膚受之父母，怎麼可以不珍惜自己的身體呢！」第一堂課，就這樣開頭，完全是脫軌演出，不旋踵間，他代課的七個班全面沸騰，只要經過他授課的班，教室都像笑破了洞。

他這樣自我介紹：「兄弟我叫秦至哉（真自在），我有一位哥哥叫秦大哉，這個名字從《易經》來，知道嗎？聽過嗎？不知道，我就知道建中學生草包很多，像埋在土裡的土豆一樣，沒見過世面。沒關係，跟我學，慢慢來，我會讓你們變成大師，跟我一樣……」拿起鋼杯，啜了幾口水，又賣弄他的名字：「大哉乾元，萬物資始，乃統天。那是我哥的大哉；至哉坤元，萬物資生，乃順承天，這是我的至哉。大哉不見得大，我至哉一定不小……」

這種滿口疑似黃腔，驚悚打屁的手法，補過習的都很熟悉，可靠的消息說他出身南陽街，應該是腦合的，印象中他上正課的方式十分傳統，密密麻麻的板書，然後逐字逐句唸一遍。久而久之，喜歡安分守己學習的不敢吭聲，追求高層次學習的不屑吭氣，剩下的就是極少數喜歡抬槓、嬉鬧和老師開玩笑的，班上正好有些個喜歡打嘴炮的調皮鬼。

有一回，他說：「其實我跟我哥是雙胞胎，他先出來叫『大哉』，我晚幾分鐘出來就變成『至哉』，這很不公平，我也不服氣，搞不好醫生弄錯了，我在補習班打混多年，江湖人稱大鵬，豈偶然哉？豈偶然哉！怎麼說我都是真正的大哉。」於是又多了一個「大鵬」的黃號，他說我秦某每節下課都要上洗手間，請值日生幫我佔位置，於是莊敬樓二樓的男廁所，就出現「大鵬專用，尊師重道，閒人莫上」的告示。

＊

換新座位，不幸抽到第一排的「過動男」，聽不慣「至哉老師」一再開黃腔，經常在課堂跟老師軟性對嗆。有一天至哉老師看到「過動男」穿一件Reebox運動背心上課。

至哉說：

「Reebox，喔……呂布……那你是不是驢布？」「驢布」不高興，說了一句：

「我是驢布，那就有人叫倒頭栽……」

「你現在給我坐到後面，我不要這麼近看到你……告訴你抗戰時日本兵有千人斬，起碼我也是百人斬……」

收放不能自如的至哉老師，開始手足失措。一班一班的骨牌，應聲而倒，歷史課成了你一句我一句的瞎鬧。廁所的「大鵰專用」不見了，至哉老師下課等不到位置。愛戲謔的學生，每逢至哉老師當天有課，就集體罷凌廁所，大排長龍，眼睜睜看著至哉老師落寞地上三樓如廁，這才一哄而散。

上課漸漸失控之後，熱鬧變胡鬧，無精打采的秦至哉，歷史課再也精彩不起來。上課改成放影片、輕鬆討論。至哉老師變得猜疑、易怒，電風扇吹散他精心吹成的雞冠髮，都會被他瞪上幾眼。有人講話，他拿起鋼杯蓋敲鋼杯：「講……話……的……站……起……來……」尸居餘氣的至哉，愈來愈嗚呼哀哉了！

歷史課有人做數學、算物理。有一位學生正在做化學，被至哉老師點名：

「把化學作業收起來，專心上課，你這兔崽仔……」

「請問你有在上課嗎?」被這一問,代課的至哉老師很受傷。

於是有人擦黑板,可以把黑板擦成一隻小雞;於是有些班級,上歷史課打鐘全班可以唱〈我是一隻小小鳥〉迎接他;於是愈來愈多的學生歷史課上圖書館、翹課、爬牆吃冰……

一位風流倜儻的建青才子,看不慣歷史課變成一成不變的瞎鬧課。某一次課堂上,在至哉老師講完「洗衣機」的笑話後,忽然舉手:「老師,建中學生想聽的應該是你第一堂課所說的『究天人之際,通古今之變』。不是這個……」

至哉沒放心上,不久又開了一個故事叫「郭春海」的黃腔,功課第一名的超人大聲抗議:「別鬧了,至哉鮮師!」……歷史小老師緩頰:「我們自己也要反省……」至哉沒有意見。鼓噪的場面並沒有減緩減弱。他拿起鋼杯蓋敲鋼杯:「講……話……的……站……起……來……」師生關係愈演愈烈。

*

有一天,那是下午的課,班上喧譁聲已經踩到至哉的底線。

「講……話……的……站……起……來……」

每當他拿起鋼杯蓋要敲鋼杯時,臺下卻響起模仿的回音,拍桌的、踱地的、大叫的此起彼落,忽然間竟然也出現另一個鋼杯聲,鏗鏗鏘鏘了起來。

混亂的第一堂課過了，第二堂課異常平靜。有人吃粽子便當，肉餡中雜有若隱若現的土豆。忽然間「過動男」的刎頸之交「趙氏孤兒」，趁著秦至哉轉身抄黑板時，拿著筷子夾著土豆，從邊疆地區快馬急馳，臺下和至哉一模一樣的鋼杯，也在往前傳，適時且輕巧地放在講桌和老師的鋼杯並列，並將土豆置入其中。大家先還忍住，低聲竊笑。等至哉轉身想拿鋼杯喝水，驚詫一看，講臺上兩個鋼杯並立，不知哪個是哪個？並且發現杯中有一粒土豆。全班爆笑，狂嘯的狂嘯、笑彎腰的笑彎腰、噴飯的噴飯……

「我來這裡教書，不是要受你們這種狗侮辱！」用力將鋼杯往地下一砸，衝出教室。全班愕然。同學們追出去道歉，班長請老師回來上課。事情鬧大了……

「這一顆土豆搞不好有毒？誰下的毒？誰主謀？誰……」

「一、二、三、四，四個共犯。好，很好……」

「我們只是跟你鬧著玩，我們只是傳杯子……」趙氏孤兒說。

「我絕不接受你們的道歉，有話法院向法官說。」

第二天全班在樓梯口排排站，恭候至哉老師。

「老師，對不起！」五十個腰彎成一條線。

「有事法院見。」

校方了解後，會同各處室研議，學生記過處分。後來秦至哉就沒到校上課。

*

聽說，最後直接促成至哉提早離開建中的是一位一類組的學生，同樣的放影片上課，有一位同學趴著打盹兒，至哉老師叫醒他，要他洗把臉。這位才子口不擇言：「要刮別人的臉之前，先把自己的臉刮乾淨……」聽到這一番話，至哉老師崩潰，隨口說了一聲髒話，靜靜地走出教室。

課沒有代完，秦至哉不見人影，從此音訊全無，有人謠傳秦至哉留遺書自殺。學校派員到泉州街他住處查訪，尋不到人，倒是看到滿屋子都是建黨的資料。根據跟他走得近的小老師的說法：「是一位愛國者，他心繫政治，他關心歷史，他要建黨建國。」幾年後，乍見各大報紙頭條下有一則廣告，連登十數天，跟他一模一樣的名字，成立一個名字非常雄偉的政黨。

但是，始終沒人去證實和建黨那位同名同姓的政治人物，是不是秦至哉老師？

原載《幼獅文藝・青春點名簿》二〇一五年六月號

一叟小語

由於即將推出的新課綱，教師員額有相當大的不確定性，各校若碰到老師退休，大家都有默契，遇缺不補，紛紛甄選代理老師。代理老師或代課老師爆量增加，成為教育現場的怪現象，代理老師表現出色的比比皆是。可惜秦至哉真的倒頭栽（摔觔斗）了！

秦至哉老師在補習班待過好些年，多少帶有一點補習班的特殊習氣，他懂得怎麼樣吸睛！怎麼樣創造魅力！怎麼樣促進高收視率！所以，初到建中，風靡授課各班。他的教學風格，很快就在這個赫赫有名的男校一傳十，十傳百了。但是，不旋踵間就被建中學生所唾棄，黯然離開校園，這是他始料未及的事。

每一位講臺上的教師，都希望贏得臺下學生的肯定與讚賞，不同領域不同學科的教師，都應該有共同的使命，就是把學生教成一個人。學校不應該只是知識交易的場域，如果校園只剩專業知識的教授，我們可以大膽預言，遲早會被人工智慧所取代。十年樹木，百年樹人，任何巧取豪奪的教學手段，都不是王道。

這個故事多少有點悲涼，也許一開始秦至哉老師只想在課堂上引人入勝而已，沒想到一鳴驚人、弄巧成拙，要付出這麼大的代價。

“

喪禮

我約「天秤座」去看他母親，聽聽老母的說法，看怎麼處理他父親的後事。週日探病必須走另外的管道，兜了幾圈，終於找到和平醫院B棟。她的母親肺癌末期，臉整個凹了進去，生了癌病的皮，看上去連骨頭都包不住，眼前這位我曾經熟悉的陳媽媽，形容枯槁，竟然病成這般模樣，真教人不勝唏噓。

見到我，她努力地笑了，像接待重要賓客的神情。示意外傭，扶她起身，就只是一張床，她也是那麼驚驚慌慌地，又熱熱切切地，感覺好像家很亂的窘境。是的，一張床就是她晚境的家，進進出出很多次，我並沒有見過她如此病容的模樣。畢業這麼多年，也是因為家務事，陳天平才找上我的。

「老師老師，你怎麼又來了？這樣子見你真糟……你這孩子這麼大了都不會處理事情，也不先說一聲，這樣能見老師嗎？」陳媽媽雖然聲音微弱，仍笑笑地說，邊說邊咳。

「老師有什麼關係，不是外人啦！」

「對對對，天平說得對……」

天平說他媽媽來日無多，醫生說也是這十天八天到個把月了。嘴唇微黑而慘白，嘴角留有幾處沒有清理乾淨的紅漬。感覺她是堅毅不懼的女人。

天平以英文和外傭交談，我半句也聽不懂，這年頭菲傭很少見。記得天平說，她是臺灣媳婦，護理很有經驗，尤其是癌末照顧，特別給她雙倍的月薪。

他們說他們的病情，我們說我們的寒暄。

「陳媽媽，還行嗎？痛不痛？」

「沒動刀，疼痛還好，就是咯血比較不好，應該是不會太久了。」

「陳媽媽，天平要我來，我直說，我能為你們做些什麼事？你希望怎麼……」

「就是要聽你們說，跟你們商量……不忌諱不忌諱，謝謝老師……」

天秤座靠了過來，握著媽媽的手，蹲了下來，眼神是跪著的。聽我們說話，不發一語，只是輕輕地撫摸著媽媽乾癟的手，陳媽媽的老人斑忽隱忽現。

「天平，這四人一間太擁擠了吧，最起碼也兩人一間的。」

「不不不，這是一般病房，感覺比較自然，我也不想去什麼安寧病房。天平爸爸負債累累……這樣就行，這樣就行。」

天秤座私底下跟我聊起：「爸爸走了三天，可以先放冰櫃，等媽媽一起處理好不好？」我無法直接回答他這個問題。只就天平父親的治喪，提出簡便的資訊。

「現在臺北市政府有聯合公祭，簡單隆重，可以省很多錢。」我開口說。

「老師，我要親自處理天平爸爸的喪事。這件事我很堅持！」

*

我們推著輪椅到外面曬曬陽光，也光光亮亮地談天秤座的難題。深秋了，陽光竟然這麼刺眼。離開病床的陳媽媽，是輪椅上的演說家，輕輕重重的聲調搭配她高高低低的情緒，是一首悲鳴的控訴。聽眾只有三人，她放足了力氣，彷彿是一場最後的演出：

我知道天平的意思，天平也跟我說過，喪禮合辦合葬都省事，我不怕死，也從不諱言我的後事。我只是為了爭一口氣，沒想到他死在我的前頭，他爸爸對不對得起我，其實不是最重要的話題。他爸爸跟她在一起那麼多年了，我也不是不知道。我心痛的是，多少年來想改變他匪類的習性，他始終不改。他跟她一起，我努力學習接受這是愛情，愛情就是愛情，我失去愛情是我的不幸，他們的愛情不必也要埋葬，這一點我明理。天平你要學著點，這個（停了一下，又接著說……）天底下有很多是你想要能要應該要，可是卻要不到的事。所以，你爸爸的後事我一定要親自辦。這件事是我做妻子的最後可以作主的事，我不讓她參加天平爸爸的喪禮。這苛刻嗎？

她無力卻銳猛的眼神，在我們師生四目間來回穿梭數次，每一轉瞬都是鐵打的堅定與剛強。

我的喪事簡單就好，燒了，買個罈子放在你們陳家墓園就行。跟老師商量好，怎麼做都行，不要費事。你們陳家是大戶人家，是你爸爸好賭，不成材，沒個男人樣，她愛他我看也高明不到哪裡去。陳家的喪禮不能隨便，陳天平，我跟你講，你爸沒骨氣，可是你媽有骨氣。將來把債主一起找來，把老房子賣了，不要給我打三折五折。欠人家一分就是一分，一分錢都不能短少都得還人。這間房子是你外祖父、外祖母饋送我的嫁妝，房子可以再買，不要丟陳家的臉。天平知道我的意思喔，老師知道我意思喔！

「天平，你是塊料，也幹到這麼大公司經理的職位了。媽媽就要走了，就留給你一句話，做人就要像個人樣。」

停了一陣，她聲音放低放慢。

除了賭輸的以外，他把大部分的錢都給她了，這我不怨懟，至少照顧了一邊，可是丈夫是我的，這場喪禮我有主辦權。你那個阿姨，她不是壞女人，是你老爸他是個沒肩膀、沒有用的男人。不要怪她也不要恨她，我有權利可以憤怒，但是你要有善良的心去和她們往來，最少你有個妹妹。這是你老母給你的家教，做人就要站得住腳。但是這場喪禮我要親自辦，這個死丈夫是我的，聽得懂嗎？她女兒可以來，她不可以參加，就這麼一回事，我爭丈夫權。雖然車禍死得那麼慘，丈夫還是我的。不賭錢賭到三更半夜，每次輸了就喝悶酒，會死得這麼難看嗎？我的話講完了，我的丈夫的喪禮我辦，都懂吧？日子我翻過了，兩個禮拜後，十月十八，日子不錯。林老師你文筆好，拜託你幫天平爸爸寫個訃聞。生平事略就不用了。賭一輩子有什麼好寫的！

師生兩人推著一個即將離世的陳媽媽回病房，輪椅走回去的聲音格外悲涼。

秋天的陽光最怕驚嚇，沒半晌的光景，全是烏雲的灰暗。

＊

三天後我擬了兩張訃聞，給陳媽媽過目。內容一模一樣，一張日期是十月十八日，是給至親好友的；另一張日期是十月二十一日，晚了三天，是給天平阿姨的。都不是假日。陳媽媽朝我端視好久，雙手握住我的手，好有力。

「林老師你實在太聰明了，我想都沒有想過，這樣不就都解決了嗎？我生個什麼氣啊！是不是？不過她不壞她不壞……我跟她見過幾次，那女兒也長得好……」

走出病房，我和天秤座心情是沉重的。

「辦完喪禮再讓阿姨來撲個空，這樣行嗎？」

「當然很不行，良心很不安。可是你媽媽怎麼交代呢？」

「你明天去印訃聞，晚三天這一張只印一份，其他的你去統計統計你們陳家的親戚、朋友。看要印多少？印的質料要好一點，你們陳家是大戶人家……」

＊

第二天陳媽媽肺部積水嚴重，緊急搶救，由於身體過虛，在加護病房中就沒再醒過來，天秤座打手機給我，次日凌晨四點撒手人寰，走了。我親眼看著護士將「某某某病危」的字緩緩擦掉。

誦經團來了，一陣忙亂，遺體推出。陳家人進進出出，家族人多。我把天秤座叫到走廊邊低聲問。

「十月十八日你老爸的喪禮照樣辦嗎？」

「長輩們說如期舉行。」

「那十月二十一日就不要印了。」

「了解。」

「跟媽媽上香擲個筊杯問問，可不可以讓阿姨來？」

「了解。」

「當神了，也許想法會改變。」

「了解，謝謝老師。」

走出醫院，天濛濛亮了。

原載《幼獅文藝．青春點名簿》二〇一六年十一月號

”

一叟小語

多年來，只有一紙婚姻存在，孤獨的女人，需要很強的生存力。陳媽媽，最後仍要捍衛一個女人的名分，他深邃的眼窩，凸骨錚錚：「我要爭丈夫權！」

罕見的堅持，背後是了無慍火的寧靜。丈夫外頭的女人，不可以參加喪禮，丈夫外頭的女兒她認，應該入列，這是名分的底線，也是她理性的包容。

兩張不同日期的訃聞，是情不得已的權變，心裡怎麼盤算，總說不上周全。天意的安排，似乎有了新的轉機。婚內與婚外，向來萬般難，求天不應，求神難卜。陳爸爸的紅粉知己，最後選擇不出席，陳天平的妹妹，仍在「家屬答禮」的行列，圓滿非關乎和解，「入土」是靜默的「為安」。可哀的是，一門雙喪，陳天平內心需要多大的平靜，他心裡的「天」才能「平」。

人生，學著漂亮地生存，並不容易；人生，期待心滿意足地落幕，似乎是一門更難的智慧。姑且不論「人一出生，就走向死亡」，這個說法要從生命哲學的角度去深沉思考？還是要從人生哲學去樂觀面對？生與死，其實是一堂完整的人生課，要覺悟也要學習。

“

5

求生的韌性

老趙牛肉麵

澎湖海悅飯店旁，「機場牛肉麵」的招牌吸引著我。想到臺北南機場的牛肉麵，有懷舊的理由。我吃牛肉麵。

「你們機場牛肉麵和臺北的南機場有關係嗎？」

「沒有！……原本是老趙海鮮店……」

有點失望，老闆應該說：「是是是」，我是吃懷念的……「老趙」，哇！想起來了，更古老更湊巧了！

「來，老闆，小菜，海帶、豆干、豬頭皮、花生米……」我叫了一堆。

「這塊豬耳朵要不要一起來？今晚你是最後一個客人，算一份就好。」

「都來都來……少辣，大牛一碗。」

＊

三十幾年前，現在建中圖書館正後方，靠泉州街馬路，一排破落的圍牆角落，一位退休教官賣牛肉麵，一坪大的地方，流動攤販式的灶子，幹起營生，違建並不起眼，沒招牌，生意清淡。

「小夥子，你吃我的牛肉麵看看，不一樣的！……」

「小菜，我的絕活，全是牛骨汁滷過的！牛筋、牛腱、牛腸、牛舌，還有豆干、海帶、花生米、豬頭皮……」

「教官，豬頭皮也牛骨汁熬過？」

「沒沒沒，豬就是豬……」

「我新來的國文老師，特地來嚐你的味兒，工友阿猜推薦的……」

「老師啊，太好了！你點豆干、海帶、花生米好了。牛滷味兒前兩天的，吃了準沒事，怕不鮮，你就別吃了……」一口濃濃的山東腔。

「阿猜，工友嘛！我們熟我們很熟！」熟唸成淑，感覺他們一定真的很熟。

兩張長相都不相同的簡陋桌子，兩張淘汰的學生椅子，坐上去像吊床，我相信他的教官身分。

「我的攤兒，生意不好，你看沒人，哎……」

「嗯。」

三碟小菜滿滿的，堆得像金字塔。

「太多了，教官……」

「不多不多，不多也，孔乙己說的，你國文老師你懂。今天吃新鮮，明天就又得再滷一回。吃吃吃！……」

「湯頭好啊！黃澄澄地，真夠味兒！」

「這，俺可以拍胸脯地，絕對地道！」他自信而得意的嘴角上揚，笑神洋溢。

「學校的牛肉麵沒有牛肉，你的牛腱肉特大塊呢！好吃好吃。」

「你常來喔，還能賣多久，拿不準兒。這個地方總務處一直催討啊！校長真是個人，他認我孤孑一身，總當著總務主任的面說，延一延，再給延一延……他仗義，他真是個人啊！」

比著大拇指，手顫動，嘴角微抖，兩顆眼珠子炯然前凸。

「好吃好吃……」

「一共六十五。」

「怎麼會呢？這麼便宜！」

「下回來，我建議你吃牛肉湯餃，俺拿手的……我叫老趙，以後管我叫老趙……」

「教官再見，再見……」

「老趙啦！剛說了！」

「老趙，再見！」

「這就對啦。行……行……」

＊

隔了一週，週五放學後，我從側門出，沿著泉州街往回走，攤子還是沒人，我坐另一張桌子，椅子也是左右搖晃。

「牛肉湯餃，好不？餃子我給你現包……」

他沒問，就端上三碟小菜。

「你評個價，連同上回，有沒有不一樣的滋味啊？咱要說真的。」

「有老趙的味兒，太鮮美了，這味兒我記住了……」我比個大拇指的手勢，學他的神情。

「他奶奶的，有你的……」

「建中學生真聰明，小夥子，好好教。不然，學生肚子裡會笑你……」呵呵呵呵了幾聲。

湯頭真絕，老趙的牛骨汁，鮮甜到骨子裡頭去了。

「真不行住，咱也不為難校長，我打算下學期搬去澎湖。」

「澎湖？為什麼？」

「我幾個光棍兒弟兄都在哪兒，當年部隊先到澎湖，有些就留在澎湖了，澎湖有很多眷村……」

「搞個老趙牛肉麵館，生意一定做得起來！」

「好，就老趙，老趙，有意思！」

「你多大歲數了？」臨走，他問。

「二十九。」

「看起來像四十九！」他親切地笑了起來。

「阿猜也是這麼猜的……」

我走了幾步。

「成家啦？」

「成家了。」

「俺就少了一個家！」

暮色、夕陽、秋情，聽他的聲音，回家路上滄桑了起來。他的腿竟是瘸的。一跛一跛收拾桌面。

猶記得，那一年沒多久我上陽明山受訓一週，回到學校，泉州街校地上的違章建築，全拆了，他沒招牌的館子，沒了。人，走了。阿猜說：

「學校要收回啦！真可憐呢！我就沒吃牛，應該給他交關才對。做不到半年，那個位置也不好做，離離落落地。」

「搬去澎湖嗎？阿猜。」

「好像是哦……一個人簡單啦！一人飽，全家飽……他是好人，可憐的好人，這一堂沒課喔，我講一段他的故事給你聽……他是好人啦，來來來……」

＊

老趙在建中當教官，後來轉任教師，七、八年後獲聘回建中，就是教你們國文這一科的。這很久的事了，聽說他國文教得很與眾不同，他老家在山東淄博，有家學，教了一年，有口皆碑。古文觀止琅琅上口，詩詞歌賦隨口而出，他是教書的料，可惜出了事。

有一次開家長會，有家長耳聞他是轉任教師，對他有疑慮。以鄉音太重、學生聽不懂為藉口，要求校方換老師。國文小老師的媽媽，站起來說話，帶著情緒，聲音高亢：「大家有聽過他講課嗎？除了他的山東腔可以討論以外，他滔滔不絕的上下古今、他遊走於李杜元白、他述說詩經楚辭、他熟稔秦漢明清古典、他出入理學漢學……他是過去的教官，他更是現代優質的國文老師……我們……」那一次的震撼，不知怎地，一個可怕的流言，不脛而走。

他的小老師非常敬重老趙，課後經常還在辦公室跟趙老師討論先秦哲學，三天兩頭都可以看到這一對師生在對談，時而高亢，時而低吟，一直到我阿猜下班趕人才結束。後來沒有家後的老趙，就收這個學生為義子，見面禮一出手就是十萬。偏偏這個時候義子他娘和他爹鬧婚變，義子他娘為了爭取撫養權，要張羅三十萬給他爹而傷透腦筋。義子同情媽媽的遭遇，他把家裡的這件窩囊事告訴他乾爹。正直土性的山東老趙，「侵門踏戶」去他們家主持正義，狠狠地訓了他父親一頓，說他：「沒有肩膀、不是個男人、有家都不珍惜……」斥喝一陣，三十萬現鈔給了義子他爹。

這件事後來就傳得很難聽，隱隱約約，老趙變成人家婚姻的介入者。校方找老趙談話，第二年他就退休了。聽說他在校長室拍著胸脯，疾言厲色地說：「咱沒幹對不起良心的事……不為難你，我辭職，我退休。你相信我的清白嗎？……」這是聽來的，這件事我一直不敢問老趙，也無法求證。

約莫個把月，義子請假數日，他娘說兒子患有先天性心臟病，心臟有雜音，住院檢查，醫生說可能需要開刀。老趙急急忙忙到郵局解定存，領了十萬。

「明天俺去看他……」

老趙第二天去榮總並沒找著他義子的病房。義子李登科從此沒到學校上課，輟學了。打電話沒人接，緊急趕去南勢角他義子租來的家，大門深鎖。

「李先生他們搬家了。」隔壁鄰居探頭出來，幽幽地說。

「我的學生李登科在哪家醫院？俺找不到他呢……」

「前幾天登科好像是腸炎，半夜去醫院急診。昨天就活蹦亂跳的。」

「他們人呢？」

「李先生、李太太前幾天就打包完畢，說要搬去中部。沒細說……」

「登科不是心臟要開刀嗎？……夫妻不是分了嗎？……」

「沒有啦，沒有啦！」

真可憐喔！老芋仔被騙得團團轉，這對一向剛直的老趙很傷。他一直住在幾坪大的違章校舍，滄桑的歲月走得很慢。日頭落山就可以看見他躺在躺椅上，搖來晃去，很是逍遙，應該也很落寞。半年後，學校轉來一封沒有寄信人的信。

「趙老師，爸媽沒有離婚，他們期貨輸很多，媽媽向您調錢，我知道。老師對不起……將來我一定會還錢。」

老趙常掛在嘴邊的「他奶奶的」，也沒吭一聲。

幾年後他竟然在泉州街校地旁賣起牛肉麵，一天只個賣一、二十碗，大概都是學生光顧，前後也不到半年，前兩天，學校要他搬，他就搬走了。他是個好人，我可以確定，他是個好人，他是個好人……

＊

老趙應該還有澎湖的故事，有一家「老趙海鮮店」，那有沒有「老趙牛肉麵」呢？他會賣牛肉麵嗎？三十幾年了，就算找到了老趙牛肉麵的招牌，恐怕人也早已不在了。雨愈來愈大，我兩隻手遮著頭，明天晚上飛機飛不飛？颱風天，想著想著心焦了起來。

老趙的牛肉湯餃味兒，幾十年了，忽焉想到，還會在我的舌尖下生津呢！

原載《幼獅文藝．青春點名簿》二〇一六年七月號

”

一叟小語

三、四十年前，教官退休，專業學科素養好的人，透過檢覈考試管道轉任各科教師，老趙就是從教官搖身一變為國文老師。除了鄉音無法克服以外，當年大陸來臺的軍人或流亡學生，有深厚家學的很多，除了社會科、國文科，其他像轉任英文、數學、自然等學科的所在都有，聽很多建中老校友回憶說，這些轉任老師的教官們，一點都不含糊，教得特別好。

老趙牛肉麵那攤兒，十分簡陋，沒招牌，上頭有一帘破破舊舊、藍白相間的帆布，碗碟都是向麵食部買來的中古貨，我總共吃過七次老趙的麵食料理，我曾問過他：「怎麼不取個名兒？有個招牌好廣告啊！」他苦笑地說：「就叫老趙牛肉麵吧，開幾天也拿不準兒。」其實我最愛他的炸醬麵，小黃瓜絲切得細，混著一小撮紅蘿蔔絲，略鹹的肉末豆瓣醬，頗有北方的粗獷味兒！有時候，他還會烙兩張餅，熱呼呼直接遞給我：「拿去吧，老師……」沙啞的嗓音，有點老態的眼袋，是忘不了的畫面……

前幾年，臺中市自然科學博物館到澎湖辦自然生態研習活動，我廁列其中。活動結束當天，遇到颱風，飛機停飛，風雨漸強的那天晚上，在飯店

“

附近的機場吃了一碗大碗牛肉麵，忽然想到了三十幾年前泉州街那一家，乏人問津、沒有招牌的老趙牛肉麵……

兩攤學校日

暑假的校內工程尚未完工，開學之初的學校日照常實施，這個看似大拜拜的家長會，使南海路的夜晚尤其熱鬧沸騰。斑剝的紅樓在強光的打照下，今晚特別矍鑠有神，一棟老建築得要老到一個程度，才能自然靈動地妝點出滄桑而美麗的老味，並且適時營造這樣老邁而瀟灑的古夜。

應一位媽媽的要求，今晚加演一場「學校日」——續攤。跟記憶中的十幾年前一樣，一對失和的夫妻，雙雙應允參加家長會，離家的母親問我：「不想見到孩子的父親，怎麼辦？」

「分開處理，加演一場學校日。」我老練而堅定地說。

秋月高掛，愈夜愈美麗的椰影，帶著椰浪，像那位風霜滿面的母親一樣，有點沙啞的泣音，悲憤地哭訴。她並不太擔心已經高三的兒子，我好比移動的法官，有當年召公在甘棠樹下審案的心情。

*

十幾年前，同樣的場景，一樣的月光，家長會九點半準時結束。一樣的夜晚，椰聲如浪，學生的媽聲淚俱下，整棟正誼樓寂然，它聽一遍附和一遍。秋月如秋決，殺氣罩空，她說了一段逃家的故事。

她是個十足怨婦的中年母親，像東漢那個上山採蘼蕪的女人，不需要有太多理由，也不用有具體的罪名，不管向左走或向右走，她必須做出決定。婆媳糾紛不只是拔河，一個要拔除長久的眼中釘，一個要拔掉長年的委屈，七出還沒個影兒，她決定出走。曾經也是一個富家女，為爭一口氣走出豪商丈夫的奢巢。婆婆一句為錢而嫁和一雙鄙視的眼神，丈夫沒吭一聲，一個漆黑之夜，她決定了。無畏風雨在外賃居，靠著鋼琴家教度日，她鐵錚錚的定義：「這是骨氣！」唯一的兒子國二，課業忙碌。婆婆逢人就說：「真狠得下心！」

一紙婚姻尚存，她的兒子我的學生「高亮節」，國三畢業考上建中後，社團是護身符，背著疼他有加的阿嬤，三天兩頭就來牯嶺街媽媽的租屋處過夜。高二才教到他，頭一回另開一對一的家長會。

「媽，有阿姨跟爸走得近呢。」

「應該的，告訴你爸隨時可以辦手續，我不為難他。」

「媽，我跟你。」

「你是獨子，整個家族也只有你這個獨孫，不要為難你爸。」

「你要懂事，我跟你阿嬤這是心結，沒救的結。父親在哪裡，家就在哪裡。」

＊

高二上第二次段考的前一週，亮節沒去南陽街補習班，窩在媽媽的牯嶺街拚段考，爸爸知情。一天沒回家，兩天沒回家。吃完母子愛吃的「傻瓜魚丸麵」，抬頭，阿嬤立在門口。

「為什麼你總是喜歡偷偷摸摸的……」阿嬤說。

「我沒有！」媽媽說。

「為什麼你不能放過我的孫子？」

「我沒有！」

「為什麼你那麼壞心眼兒？」

「我沒有……」

「阿嬤，我只是來讀書，我跟您回去……」

＊

有一天高亮節的父親來找亮節的媽。下班時分，車多人多，剛好沒鋼琴課，兩人約好去吃「傻瓜魚丸麵」，這是他們定情的小吃店。

「仍然點一樣嗎？」

高媽點了點頭。

「老闆娘，兩碗乾麵，兩碗魚丸湯，一碗加蔥、一碗不加。麵一中一小，湯小碗。蘭花干一份、大陸妹一盤，還有嘴邊肉。」

觸了礁的婚姻，很多故事都乏味了，怎麼調都調不出原先那個味兒。

「老電影〈牯嶺街殺人事件〉，就是在這條街上發生的故事……」

「嗯，你說過。」

「節節功課跟不太上。」

「我比你清楚！」

「他有去補習。」

「禮拜一跟禮拜四。都來這裡吃完乾麵、魚丸湯才去補習的……」
「媽要我們好好處理我們的婚姻……」
「隨時可以辦手續。」
「媽不是這個意思……」
「你是這個意思。」
「帶回去的那位，你媽喜歡就行。」
「沒有啦！」
「我不會回去了……」

＊

建中健康中心通知高亮節家人到校，他腳扭傷了，父親連絡不上，阿嬤打牌不在家。菲傭給了阿嬤訊息，經常性的腳踝扭傷，阿嬤記得國術館老師傅說這叫韌帶鬆了，習慣性的扭傷，打球運動最好穿上護踝。阿嬤要亮節搭計程車回家，看巷口的跌打損傷。帶亮節上醫院的是媽媽，她把當天傍晚的鋼琴家教取消。

紅樓門口攙著兒子出來，亮節的媽一股奇異的感覺襲上心頭，陽光是溫暖和煦的。

「怎麼老是這樣？你體育課都不暖身喔！國中沒這樣啊……」

「媽，來建中已經扭了十幾次，體育老師告訴我這不對勁，最好照個片子。」
「走，那我們去郵政醫院，骨科很有名。」
媽媽牽著亮節的手，走在熟悉的牯嶺街上。

*

「我希望你放過我們家孫子，好聚好散，多少贍養費可以談。」阿嬤的手機傳來。
「我告訴過高天，手續隨時可以辦，我不要你們高家一毛錢。」琴音暫歇。
「你沒拿錢高天他不肯，兩年多了，可以了。我們婆媳無緣，下輩子……」
「我們是婆媳惡緣，已經沒了，還什麼下輩子……」
「你就是這麼沒有家教，嘴巴這麼毒。我兒子一定要跟你離婚……」
「……」走回鋼琴臺，琴音再起。
離婚的事一直擱著沒動。

*

郵政醫院報告出爐，左足惡性腫瘤。第二家醫院再確認，結果一致。

「骨癌初期患部會不時隱隱作痛，特別是夜間。」長庚主治大夫接著說：「接著會有運動功能障礙、局部性的腫塊、病理性的骨折……你看第三張片子，就這裡，這裡是病灶……」一家四口全到齊，亮節穿著灰藍夾克，背著建中書包，木頭人似的坐著。

「怎麼處理？怎麼處理最好？」亮節媽媽說。

「現在是初期，最好是截肢，比較徹底，從左膝蓋以下……最少要截到腳踝……」

「怎麼可以？怎麼會這樣？……」阿嬤拉高嗓子，歇斯底里，都快抓狂了。

「可以施行肢體保留手術，一方面切除病灶，同時保留原有肢體的功能。再配合化學治療，五年存活率可以高達七、八成！」

高天向醫生示意，不要再說了。

＊

休學一段時間，高亮節拄著拐杖來看我，整個左腳掌切除。

「老師放心，我能接受！」

一年後癌細胞蔓延，左膝切除，高亮節裝義肢，直挺挺跟我說話。

「老師我會努力活下去！」

又一年後，我接到高亮節媽媽的電話。

「老師你能來看他嗎？亮節有一封信給老師，擱很久了，應該想見你，他沒幾天了。已擴散到腦部……」

中心診所的加護病房，氣壓很低，媽媽很從容，阿嬤很哀淒，爸爸無言。躺在插滿管子的病床，床沿兩邊綁著高亮節的雙手，他間歇性地抽搐。偶爾會醒個一、二十秒，他知道我來了，嘴角顫動，嘴巴想張開，一下子又不省人事了。待了一個多小時，第三次醒來，我跟他揮手，他的手打開。

「高亮節，要我握你的手嗎？」我湊前問他，我握了他病枯了的手。

「喔！他的意思應該是要我拿信給你……」媽媽說話，亮節顫抖的身體，看似點頭，然後又昏了過去。

信封口黏得很緊，字弱無神，只寫了一段話，我把最後兩句唸給高媽聽：

「老師，請我媽媽回家好嗎？」

高亮節的媽大哭如堤潰，阿嬤與高爸低著頭，不語。

*

講完這個十幾年前的故事，我誠懇地告訴學生的媽。

「高三下還有一次班級家長座談會，希望你和你先生連袂參加。」我說。

「別再讓我搞兩攤的學校日……」我說。

「老師，不好意思。」

雖然秋高氣爽，月明如鏡，夜已經很沉了。

原載《幼獅文藝．青春點名簿》二〇一五年十月號

”

一叟小語

「學校日」是親師之間最直接的溝通，每次學校日或親師座談會，學生家長最喜歡的就是在開學不久那一次學校日。活動結束後，大家依序排成一列，一個一個跟老師報告他的孩子如何如何，希望導師能怎樣怎樣。其實這樣沒有意義，也沒什麼效果。所以，我要家長把我設計好發下去的A4問卷，一一作答，不用再排隊。這樣才能完整了解學生與家庭的概況，提供必要的協助。

「學校日」用來提供解決或諮詢個別學生或家長的疑難，機會不多，它的作用在提供後續服務，以及長期追蹤學生綜合行為的起點。只要有學生就會有問題，只要帶班就會有處理不完的瑣碎事務。不用擔心學生問題和突發事件，學校就是提供學生成長的園地。兵來將擋，水來土掩，沒什麼好怕的！

正常的家庭只要平常就行，所以平常就會正常，一旦有機會，正常就有比較多的機會，幹出轟轟烈烈的非常事業。如果家庭異常，異常就容易反常，反常就容易失常，失常碰到無常的事，比例就多了。

牯嶺街的傻瓜麵店曾經有美麗的愛情故事：「老闆娘，兩碗乾麵，兩碗魚丸湯，一碗加蔥一碗不加。麵一中一小，湯小碗。蘭花干一份、大陸妹一盤，還有嘴邊肉。」脫口而出的點菜單言猶在耳，多麼熟悉，多麼簡單，也多麼浪漫。多麼希望消失的年輕生命，能喚醒愛情的重生與圓滿。

“

江家齊的週記

江家齊高一上病假時數超過五百節，如果這樣下去，按照學生手冊，他恐怕拿不到畢業證書。高一下休學，今年復學，劈頭一句，我問他緣由。

「去年為什麼假請那麼多？」

「不想讀。」

「今年為什麼復學？」

「想拿建中畢業證書。」

開學第二週星期四一早，何教官緊急通知我，江家齊在捷運龍山寺站暈倒，現在和平醫院急診處，我和教官火速前往，第一時間到達。開學之初，何教官就特別標記他，當成優先關懷的個案。

「外觀檢查都沒問題，體溫正常，血壓正常，心臟也正常。不明原因，已經幫他做血液、尿液檢查，如果需要進一步檢查，建議明天看門診，先看家醫科。」年輕醫生說。

「你想回家休息，還是到學校上課？教官讓你選一個。想回家，我打電話給你家人；可以到校上課，看你要搭導師的摩托車，還是我的破車……」

「去學校好了……」

「那你打電話給父母，還是我們打電話到你家？」

「都不用。」

我們根據急診室醫生的結論結案：「暈倒的原因很多，他大概作息不正常、手機打太晚或沒吃早餐、營養不良，都有可能，沒什麼病。」

＊

我的學生江家齊他說，國中懂事以後像個遊魂，家裡氣氛詭異，在家什麼都不想，什麼都不做，一切放空。根據他的說法，總認為這就是黑暗家庭。我試著利用早自修多跟他聊聊，他說老師這樣我不習慣，下週起，我在週記上寫一些給你看。江家齊笑笑說：「別被我的暈倒嚇著了，本來就有貧血的老毛病，幾天沒睡好就會這樣。現在沒事了！」

第三週

我們一家現在四口人，阿公已經過世多年。當年阿公老來得子，十分溺子，生前是個富商，所以阿嬤很有錢，掌一家之權；我的母親和父親長年分居，爸爸在監獄。阿嬤是明理的老人家，不因為我媽是原住民，護著我媽護著我。至於父親，阿嬤說他是歹子，被阿公寵壞了，至於怎麼壞，家裡上下沒人提，總是一知半解。只知道父親混跡萬華，很講義氣。出身書香門第的阿嬤，曾經教我宋代詩人王令的〈送春〉：「三月殘花落更開，小檐日日燕飛來。子規夜半猶啼血，不信東風喚不回。」「不信東風喚不回」那是她為母則強的堅韌。幾年後，阿嬤感慨地說，如今：「已信東風喚不回，你爸永遠是個浪蕩子，家齊你是我們家最後的春風，這個勤樸的家不能敗了……」

第四週

父親國中畢業，上了一所知名的私校，讀到初三，因為夥同其他同學共同恐嚇勒索遭到退學。一向寵愛老爸的阿公，竟然狠狠地罵了他一頓：「我們家沒有你這樣的血脈，你走吧！」老爸就真的一走了之，任阿嬤怎麼苦苦哀求，老爸頭回都不回。

我的母親是泰雅族的原住民，長得漂亮，一口好嗓音，娘家在宜蘭四季村。隨著她的牧師老父在宜蘭基督禮拜堂布道，母親負責彈風琴。我老爸正事不幹，混黑幫，是討債集團的要角，當年奉老大之命從臺北到宜蘭，收五十萬的債。我的牧師外公出面，幫借五萬要還五十萬的教友之子求情，約在教堂，說了一番道理，給了七萬，我老爸接受。牧師和我老爸相擁，老爸感動哭了，把自己誤入歧途的過往也一五一十表露心跡。沒多久，父親就對母親展開追求。父親寫得一手好字，開始和母親魚雁往來，情感日增，在牧師外公的薰陶下，感覺已經洗心革面……。

第六週

母親告訴我，父親入伍前想脫離幫派，但是入幫容易脫幫難。有一回他老大出了事，要他出面頂罪，他提出的交換條件是同意從此以後和幫派切割，老大接受，另外給老爸三百萬當作坐牢補償金。老爸一毛不要，硬是頂了這條罪，一關就是一年半，這事的原委，老爸只跟我母親說。家族蒙羞，阿公阿嬤傷透了心，一年後，阿公意外死亡，公司經營權給了其他股東。出獄之後，徵得牧師阿公同意，老爸老媽簡簡單單結了婚。我出生以後，父親就一直在軍中……

入伍之後，才是惡夢的開始。由於父親有前科，軍中算是重點分子。新兵訓練第一天晚上，連長找他談話，資料上說：「你在社會上犯過三條罪，對不對？這叫前科累累，你真笨，犯七年以上重罪就不用當兵了。剛剛全連洗澡時，我們發現你右手臂刺了一隻鷹，飛鷹幫的喔！大家好好配合，不然有你當不完的兵……」

父親是剛硬衝動的狠傢伙，在軍中禁不起羞辱、刺激，犯案連連，逃兵、暴行犯上、搶劫……唉，我都快當兵了，他還沒有退伍……

＊

出身背景這麼特殊，又是復學生，這太震撼了。有一天放學後，我請他到辦公室一趟。

「你回來復學，我很佩服，一般像你這樣的學生，大概都轉變學習環境，不是轉學就是輟學，而且變壞的可能性很高。回來需要有很大的勇氣，嗯，江家齊，了得了得……」我比了個大姆指。

「其實我沒有生病，都是阿嬤幫我弄就醫證明的……感謝學校給我機會……」

「這十五年來，你很煎熬喔，能考上建中，很不容易，也很了不起……」

「我媽是原住民，後來改從母姓，加分進來，我爸姓李。最主要是阿嬤、外公，還有我老媽她們不斷給我力量，不然也進不來……」

「請假五百多節你都在幹麼……」

「恨我的父親，恨我的家，恨我自己……」聽得我驚悚不已。

「後來是牧師外公徹底拯救了我，我的坐牢父親，讓我必須在眾人異樣的眼光中遮遮掩掩。國中時，我是輔導室的常客，幸虧老師們耐心的開導。高一當我知道，父親最後一條罪名是搶匪時，我整個人崩潰了。外公接我到宜蘭，我勉強能彈鋼琴，就這樣安頓下來，不然這些日子會發生什麼事，誰也拿不準。高一陳老師在批我的休學申請單時，一道誠懇的眼神，也深深感動了我。她緩緩地說：希望你回來，不然這樣就太可惜了……」

「你老爸有跟你聯繫嗎？」

「有，都是寫信。媽媽說：給爸爸一點自尊，他會變好的……」

第七週「第一封信」

家齊：

做我的兒子，必須很勇敢。我對不起你，對不起你媽，更對不起你的阿公阿嬤，還有我特別尊敬的外公牧師。這個社會給我很寬廣的道路，我不走；至親給我很天然的溫暖，我不珍惜。當然最對不住你。有父親，卻看不到。

只有兩年兵，我竟然怎麼當都當不完。新兵入伍訓練，因為自己有前科，一開始就被連上長官盯上，我百般忍耐。按規定：我有妻室，週六可以回家過夜。

長官連著三週不放我假，火氣一來，我就暴行犯上未遂，關禁閉一週。我的鄰兵也有妻室，第八週他媽跟他咬耳朵：「媳婦跟你的朋友有曖昧關係……」他決定回家教訓人。趁著洗澡之便，我跟他翻牆當逃兵。回到家遭阿嬤痛罵，趕緊送我回營區，仍然軍法審判六個月。服刑不算服役，刑期滿了馬上回役。直接從監獄移送營區，仍然接受新兵訓練。

第八週「第二封信」

好不容易，我下野戰部隊，也是因為「有案底」，一報到，就被狠狠地操了一頓。吃什麼苦，我都能接受。我的罩門就是死硬頸，受不了別人的冷嘲熱諷。廚工班的班長，有一天喝了幾碗黃湯，盡說些有的沒的：「你這樣當兵當不完啦！老婆一定會紅杏出牆的……」我直覺是汙衊你媽，一拳揮過去，就是不折不扣的暴行犯上，兩個憲兵押走，又關了九個月。

你媽到監獄面會探監，見到我，就低頭痛哭。痛定思痛，我承諾一定把兵當完，不再惹事了……

第九週「第三封信」

只剩兩個月就退伍，我還是惹了事。適逢過年，排定我除夕夜站彈藥庫衛兵。我私自掏錢請人代班。結果那位阿兵哥同志翹班，師部旅部都來查哨，活活被逮。私底下央請人幫忙，也沒有報告班長排長，出了大事，他支支吾吾，雖然啞巴吃黃連，你老爸一肩挑下。我向班長示意，不用班長全副武裝押送，自己走到營部報到。在等憲兵車來押解時，心想再度入獄就黑天暗地、沒完沒了了。一股壓抑不住的衝動迸發，乘隙我又逃亡了。

跑到屏東避風頭，黑道兄弟只給一頓酒飯、五千塊跑路費，酒倒是喝了不少。我攔了一部計程車，逕往臺南找我換帖兄弟。計程車司機怨東怨西，嫌我酒氣重，還不屑地說：「到底有沒有錢付車資啊？」我怒氣難消，「我沒有錢，那你錢借我！」一支瑞士刀頂著他……然後我說：「開玩笑的，這樣是搶劫呢！你開就對了，不好好開不給錢……」結果我竟然睡著了，手握著亮晃晃的瑞士刀。他車開到臺南安平區某派出所，逃兵、喝酒、瑞士刀，人證物證都有，搶匪的條件俱足……結果判了十年，這回要不要再回部隊，我就不知道了……

＊

外公說：「神會寬恕有罪能改的人，你要給你爸爸一個機會。我救了那麼多人，給他們心靈的滋養，不信你爸爸回不了頭。人都有良善的心……」

外公曾經叮囑我：「休學期間，你要認真悔改，把建中讀完，完成你的自我救贖，不要把精神花在你會懊悔的事情上。」

外公語重心長地說：「我也曾經坐過牢！我也曾經為非作歹，我們一起等你父親大徹大悟，給你爸爸自己救自己的力量！」

阿嬤的、媽媽的、外公的、爸爸的，我有好多要還。再過不了多久，老爸就回來了。我要一個父親！我要一個爸爸！

”一叟小語

再美的藍天，總會有烏雲和風雨。
再好的人生，都會有波折和困頓。

沒有碰到無語問蒼天的無助，不要說你撥雲霧就能見天日。
沒有碰到無力可回天的窘境，不要說你有心就能人定勝天。
沒有徹底的覺悟悔改，不要說你不怕有「衝不破的難關」。

人生，並不是什麼事，都能履險如夷的，碰上了就碰上了。
回想你奮鬥的道路上，天下真沒那麼容易就能破繭而出的。

對於江家齊而言，父親這個名詞是多麼的陌生，他選擇我要一個爸爸。
黑白難分或者是非模糊，這要經過多少的跌倒又爬起，覺醒與堅持呢？

雖然，盡善盡美不是人人得而有之；可是，失而復得，更加令人珍惜。
雖然，一帆風順不是大家能夠期待；可是，逆流而上，仍是可貴人生。

“

霸凌

那一年接高二新班，班上一位高大又有點稚氣的學生，引起我的注意。第一天座位尚未固定，隨意坐，他坐在講臺右側靠窗第三位，不看窗外，也不東張西望，也不理會講臺上的吆喝。該有的徬徨與陌生全不在他身上，他靜靜坐著一動也不動，眼睛專注著左手臂，忽然手肘一動，拳頭握緊，人往前傾……臨時幹部進行班級註冊，忙進忙出地，紛雜地分派工作。忽然間，他大笑一聲，所有異樣的眼光，投向一直沒有抬頭的「龍在淵」，他沒有注意到周遭的反應，自顧自地癡笑，頭更貼近手腕的位置，眼珠子定神……

我悄悄走到他身旁，他抬頭望著我，指著一隻被他困住的蚊子，得意地說：

「剛剛，牠在我手臂上著陸時，我完全放輕鬆，牠並沒有馬上叮我，我觀察一陣，牠下半身往上翹，然後伸出細細的口針，我讓牠完全進入，第一時間繃緊肌肉，牠剛剛全身擺動掙扎，可是口針被我夾住，動彈不得，牠一滴血也沒有吸成，兩隻後腳慌張錯亂得很。我時間必須抓準……」

他得意的鬥蚊遊戲，我並沒有興趣，我依然露出微笑、傾聽，他是比較特別的亞症生。

蚊子使用stylets（口針），雌蚊細小的口器中含有六根針狀的構造，這些針有的用來鋸開皮膚，有的用來注入蚊子唾液到血管中，只有一根針類似抽血用針的構造，刺進人類的皮膚，吸取血液攝食。當蚊子叮咬人類時，會從口器輸出唾液。其唾液含有蟻酸、抗凝血化合物及目前成分不明的蛋白質，目前已知至少含十五種，其中酸性物質是用來溶解皮膚表層的角質層；抗凝血化合物則是避免在蚊子吸食血液時，血液突然凝固……

我轉身想走，龍在淵說：「還沒講完呢！」

第一次被咬時，身體不會有任何特殊反應。但從第二次開始，人體免疫系統的肥大細胞會釋放出一種稱為組織胺的物質，以便對抗蚊子所帶來的外來物質，造成皮膚發癢和紅腫。這種刺激性感覺，乃是被叮咬者對蚊子唾液的一種過敏反應……

聽他說生物專業常識，像讀維基百科一樣。
其他人坐在位子上，看書的看書，聽隨身聽的聽隨身聽，滑手機的滑手機，第一個月的座位就這樣坐了下來。

＊

龍在淵不太能跟同學打交道，掃地忘了掃，作業忘了交，上圖書館忘了回教室上課，不一而足，狀況連連。剛開始經常被任課老師指名糾正，他總是抓抓頭髮，頭側著一邊，靦腆而無辜。第二週學校日，在淵的父母連袂出席，資料記載爸爸是教授，媽媽是家庭主婦，在淵的爸爸主動表達為大家服務的意願，順理成章當選家長代表。家長逐漸散去，龍媽媽主動跟我提起在淵從小學到中學的校園遭遇，他的功課第一流，可是經常被同學集體霸凌。
「毆打他？集體圍毆？……」
「不是。小學偶爾有人欺負他，國中後大家都排斥他。」
「你都怎麼面對？老師都怎麼做？」
「每次我只會哭啊！……大部分都是轉介輔導室善後，改善程度很慢很少。聽說建中資源班做得很好。」

「這我確信。」

送他們到停車場，才知道媽媽原來也在大學教書。

＊

第三週，週記就有不少人炮聲隆隆，受不了龍在淵的異形異狀。他不太洗澡，就像不太說話一樣，渾身都是異味，座位下方、椅子底下，都是發酸的卡其上衣、內衣，靠邊的那一排同學都從教室後方進出，味道太重，人人掩鼻而過。離講桌近，窗外風一吹，秋風送來陣陣酸氣，老師們也屢呼受不了了。揶揄聲起，輕鄙的眼光也不斷射在他的勢力範圍。在淵沉醉在他的世界，不發一語。

我跟在淵聊了幾次，希望他學會自理，十七、八歲了不能讓別人操心。他只是簡單的苦笑，看得出來，他覺得莫名其妙。求助於專業的輔導老師，最後擬定一個策略，徵求一位有愛心的同學幫忙清理打掃。第一次他不說話，第二次就發飆了：

「不要動我的東西。」這是他第一次在班上大吼。「你知道不知道這叫霸凌？」

張迎翔不以為忤，坐在他後面，仍然偶爾暗地裡幫他清理。

星期五的班會，霸凌成為臨時動議的主題，十幾位同學為幫他打掃的同學叫屈，進而搧戰，群起而攻之。

「是你霸凌全班，不是全班霸凌你。」這是對他最重的指控，衛生股長大聲厲斥。龍在淵眼睛瞪得大大地，手足無措，依然不發一語。

和龍媽媽通了幾次電話後，啜泣之餘，在淵媽媽就經常不定期到班上幫他清理座位、抽屜。一堆堆像鹹菜的重酸味，抽屜全是丟不出去的垃圾……有一天中午，龍媽又來了。在翻動抽屜時，一隻蟑螂倉皇衝了出來。

「小龍啊，你的抽屜都成了蟑螂的家了。」

「……」

「媽媽沒教你嗎？你怎麼這麼髒啊？」

「……」

「怪不得，別的同學都不喜歡你，你這樣誰願意跟你在一起。」

「……」

＊

幾天後一個週三的下午，第一節體育課，龍在淵不見了。班長在他的抽屜裡找到了一張測驗紙，紙上說：「張迎翔一再霸凌我，我忍無可忍，這個學校我不要了。我的媽媽也被老師洗腦，在家裡整天翻東翻西，這就是霸凌，到處都是霸凌的人，這個人生可以不要了。」

全班啞然，忽然間大家都覺得霸凌他了，從來沒替他想過，只知道他臭，只討厭他整個桌面都是擤鼻涕的衛生紙，沒好好關心過他。只知道猜忌他放話要讀哪一科，那一科一定全班最高分。自責的氛圍瀰漫全班。

我跟教官初步認定有自殺傾向，全校搜索，沒人。通知家人，能找的地方都找遍了。媽媽哭坐在辦公室。她激動地啜泣：「你們為什麼都不能幫我的孩子啊……」聽來辛酸、悲痛。

下午第三節剛好是我的課，為了這一張測驗紙，我沉重踏上了講臺。

龍在淵，的確給我們班帶來不少困擾，老師要負很大的責任，我們為了保護他的特殊心理和行為，一直沒機會跟大家說清楚、講明白。在淵苦嗎？他沒說，我相信他苦；他的母親一個禮拜來三天，幫他辛酸的打理，他媽媽苦不苦？苦。我也為人父母特別能體會。我覺得自己關愛得不夠，我沒有怪你們，大家不用自責，你們沒有任何一個人霸凌他，在淵也沒有霸凌我們。他只是需要我們更多的容忍，我們想想他的特異功能，他可以三個月都讀某一科，他打哪兒就中哪兒，這是他的特質。我們希望他沒事，我們不要把他當異常的人，過去若有這種想法，我們修正一下，我們在他的眼裡何嘗不也是異常的人。請大家放輕鬆，不過，現在沒有任何訊息……

五點整，打鐘，他忽然出現在班上門口，我和教官接獲消息，衝到班上。教官急沖沖問他：「你去哪兒了？全校都在找你呢？你這樣會弄死人呢！」

我示意在淵跟大家說抱歉，大家急死了。他進了教室，全班給他掌聲，他又習慣性地搔搔他的頭。停了一會兒，他一本正經地對著大家說：

我有個問題請教大家，我下午一直在自強樓頂樓四樓水塔邊曬太陽，因為想不透，所以忘了回來上課。有一個老詩人叫瘂弦，瘂弦知不知道？瘂弦有一首小詩叫做〈曬書〉：

一條美麗的銀蠹魚
從水經注裡緩緩游出

這兩句把我困住了，我一直在想：蠹蟲明明是書蟲，怎麼讓牠變成一條魚？為什麼是《水經注》？不是《三國演義》？魚和游我可以理解……最後我終於明白了，我給大家解釋一下。它是以《水經注》為引子，讓書本和書蟲緊密縮合，鮮明的展現曬書時，書蟲緩緩爬出書本的瞬間，所以「魚」、「水」、「游」下得好，很漂亮。

大家掌聲如雷，他又抓了抓頭，忽然又轉回講臺：「其實我真正的問題是，曬書是不是個霸凌的行為，不然蠹魚是不用離開書的，想清楚我就回來教室了。」

龍媽媽站在走廊靠窗細聽，聽他兒子結結巴巴的曬書記。

原載《幼獅文藝．青春點名簿》二〇一六年五月號

” 一叟小語

「霸凌」，聽起來有點可怕，建中並不流行，學校在宣達校園安全時，經常會提到這兩個字眼，這對建中校園、紅樓師生，總體來說是陌生的。大家明白「龍在淵」是個假名，但有一個「龍」字沾上邊，後來考上非常好的學校。

亞斯伯格症有很多種類型，大致來說都有智商高的共同特點，我碰了不少個特殊人才，非常疼惜也非常佩服。但是也碰過一兩個非典型的學生，其中一位是朋友的小孩，當了他兩年導師，問過他幾百次話，沒答過一次腔。送東西給他，他拿了就走，從不正眼瞧你一瞬。全天下只跟表哥說話，連親生母親他都回不上幾次話，有一搭沒一搭地。最後，竟然造成父母離異，這是很少見的意外。

愈來愈多的教育從業人員接受：「教師也是個服務業」，天下不能存有撿現成的投機心理，只要有學生就有傷腦筋的事情。十七、八歲的中學生，如果個個都是乖寶寶，什麼都言聽計從，那得更擔心後頭會有更大的煩惱。跳蚤原本就要能跳，游魚原本就要能游，老師家長都不用過度擔心。青春，大家都要走一遍，就像不管什麼樣的花都要美一回，美出它應有的姿態與氣韻，老園丁不能阻擋它綻開。

「欣賞」，是教師的武功祕笈；「等待」，是教師的氣度胸襟；「耐心」，是教師的含蘊教化。這都是服務的範疇。

6

生生不息的使命

升旗

臺北的春天，氣溫說高不高，說悶又會悶死人，升旗對中學生來說是個苦差事。繁華的臺北市，妙的是大人小孩都一樣，經常搞到半夜不睡覺。中學生問他忙什麼，答案都是不知道。凡事總是寅吃卯糧、入不敷出，時間不夠用體力透支，精神不夠用渾渾噩噩，電腦桌前眼睛不夠用、書桌前腦筋不夠用、床鋪上睡眠不夠用……晚睡的學生多，早起的學生少；睡不飽精神一目微張到校的、吃不成早餐滿腹飢腸的，千人一個臉，一大早校園多的是行屍走肉似的蕩蕩遊魂。莊嚴的升旗典禮，大多是一具具跟著值星教官吶喊前進的軀殼，然後似有還無地晾在操場上。

一早學生三三兩兩，教室內人來不到一半，值星教官高亢的聲音已轟炸校園幾回。滑手機的照滑、趴在桌上睡覺的照趴、吃早餐的照吃、打屁的照打，當然也有一大群靜靜讀書的不動如山，默默掃地的堅持自我。

「今天全校升旗，請大家慢慢往操場移動，三樓、四樓的班級，動作加快！」

「離開教室，請值日生把燈關掉，衛生股長記得檢查一遍，不要浪費資源！」
「明道樓和自強樓的高一動作最快，高三老大哥還不快下來……」
「最早到操場的班級還是一年三班、一年十五班……」
「現在七點四十分了，請大家幫幫忙……升旗是大家的事……」
「各班排面班不含班長，每班十人，排頭請站定標記位置……」
「大點單、小點單，請風紀交給教官……各排面班補滿伍……」
「從現在起，一分鐘後管制進場，遲到的請到司令臺兩側入列……」
「中央伍為準，中央伍手舉起來，中央伍中央伍……」

一週兩次的升旗典禮都是這樣開始的，然後臺上頒獎、然後小故事大道理壓軸；臺下呢，如果導師不管，看爽報的、吃早點的、讀空英的、蹲下來繼續打盹兒的……你想見到或不想見到的畫面，歷歷分明，不趕快「不敬禮解散」，真有點對不起「以建民國，以進大同。咨爾多士，為民前鋒……」。

升旗的莊不莊嚴跟唱國歌的大聲小聲，其實和愛不愛國，根本沒有對價關係，這是八竿子打不著的事。可是，臺上的教官永遠必須這樣不斷地吶喊，這是教官的苦。

以前頭戴大盤帽，身穿土土的卡其衣褲，一週升六次旗，沒人喊累沒人叫苦。後來從一週五天減到三天，再從三天精簡成兩天，操場的學生還是懶懶散散，有氣無力。時代往前走，制服可以各校自定，升旗能不能有新思維呢！臺中某私立高中，也是一週升兩次旗，一天校長主持，一天班聯會主席主持，有意思呢！至少熱鬧多了，輪到學生主持那一天，臺下的學生精神特別亢奮，秩序、精神感覺特別不一樣。升旗啊升旗，只要「一心一德，貫徹始終」，菜單似乎可以考慮變變新花樣。這樣國旗歌「山川壯麗，物產豐隆，炎黃世胄，東亞稱雄……」就更雄壯威武了。

*

升旗在戒嚴的時代，那是地地道道的「典禮」，訓導處不敢馬虎，教官不敢放鬆，學生也不敢造次。現在的高中生，誰能想得到四十、五十年前，在司令臺上或報告或宣導或訓斥的過程中，只要口頭提到：「我們的國父」「先總統蔣公」，臺下學生可都要當場「立正」，聽到「請稍息」，才可以輕鬆地跨出左腳，與肩同寬，作稍息狀。不過也就因為這種重大集會管理得嚴，所以，反彈的力道就特別強，愈是標榜「春風吹放自由花」的精英學府，愈容易擦出火花。

七點五十沒進隊伍就算遲到：時間逼近，循規蹈矩的會追趕跑跳碰，一路狂奔，背著書包升旗；有些學生會買通風紀，也有些會一定程度的霸凌風紀，有時候風紀故意不點或技術性漏記。這些經常逍遙法外的投機分子，萬一碰到教官抽點，到時候自然會有人臨時從外插入，舉個手、喊個有，簡單得很。有些是天機，按照行規不可外露，我說說，你聽聽就算了。

升旗是小事也是大事，沒準時在隊伍裡頭，有些細心的導師會盯，因此一早就會有人爬牆。升旗唱國歌是「愛國行為」，大德不可踰閑；至於爬個牆，是小德出入可也，理由說得過去，幽默的教官有時候會買帳。當教官被盯得滿頭包，當圍牆戒備森嚴時，所有的祕密管道全部封死，超過七點五十分遲到的，罰站司令臺兩側不得入列，當然少不了愛校服務。姍姍來遲的心裡自然有盤算，很多人立在大門外，靠紅磚牆做掩護，硬是不肯進入校園，只要不被糾察隊登記就行。

漸漸的，校園內，國歌國旗歌如火如荼，樂隊聲吹上雲霄，升旗煞有介事進行著；校園外，不算隊伍的烏合之眾，愈排愈長。最後校外人士看不下去，手機連環叩——檢舉。教官們銜命，終於兵分二路，在圍牆外強力清空。抱頭鼠竄者有之、不顧紅綠燈硬闖者有之、狗急跳牆者有之；有的跑進農委會、有的衝進對面教會基督徒聚會所、也有的故作鎮定，裝成小學生哥哥奔入國語實小，一時兵慌馬亂，塵土飛揚。

有一次，學校對升旗期間故意逗留在校門外的遊子幫進行大掃蕩，準備抓一群人開刀，有些個瘦弱的四眼田雞族眼看就要落網，哪知「1」路公車也會救人，說時遲那時快，司機先生突然緊急打開車門，救了一缸人，魚貫跳入，十分驚險。教官眼巴巴看著「1」路公車揚長而去，望車興嘆。究竟是學生攔車？還是司機奮勇救人？這是懸案，沒人去研究，也研究不出來。

圍牆外安靜一陣，不久，陣地轉移到對面植物園，反而悠閒，賞荷、觀魚，有的還把握良晨練練舞步，隔著一條馬路，煙硝味就不那麼濃了，等第一節課上課鐘響起，平和的步伐迎向校門，春陽和煦，美好的一天開始，升旗還真是蔚為奇觀！

＊

升旗淪落到這步田地，不是三兩個嗟嘆說得盡。三、四十年前的中學，政府規定從南到北，每天既要升旗也要降旗。當年建中，因為有日校、夜校、補校，升旗交給日校，降旗交給夜補校。比起其他學校建中生得天獨厚，少了降旗，日校學生就不太排斥升旗，而且認真升旗，唱國歌跟唱校歌聲音一般大，聞「升旗敬禮」，右手五指伸直併攏，貼著大盤帽帽沿，手肘打直，煞有精神，雄赳赳、氣昂昂，雄壯、威武、嚴肅、剛直……那個年代沙漠中的駝客，放眼望過去，都是早熟的真男人。他們耐得住司令臺上的教訓，自己不對就緘默反省，理直氣壯照樣俠肝義膽，學校若有違校風，威猛的噓聲絕不饒你。一浪一浪打上升旗臺……

很久很久以前，已經故去的某位校長，當年有人存心中傷，疑似有桃色緋聞，報紙登了、電臺播了、耳語傳了、學生怒了。校長每一次上臺，都是陰冷的噓聲。三天以後，校長室門口有人貼大字報，畫了尷尬的諷刺漫畫，上面這麼寫著：「我們是一流的建中人，不要第八流的建中校長。」校長不做任何回應，貼了一個禮拜，校長才請工友取下，摺好，擱在櫃子裡。班聯會派代表團要和校長面對面溝通，校長請班代表門進入會議室。他站著講話，音調略顯高亢，對著學生代表們說：

我了解你們的憤怒，我聽到你們的吶喊，我佩服你們的正義，我支持你們的捍衛；我也自信我的天良，我也堅持我的是非，我也肯定我的靈魂。監察院已經展開調查，真的假不了，假的也真不了。尊重你們的質疑，從明天起，我不上升旗臺講話，直到監察院報告出爐。真有如謠傳的風流韻事，二話不說，當天我下臺走人……

班聯會學生們尊重校長的剴切陳詞，沒說半句話，魚貫而出。

一年後監察院來文：「查無實據，純屬臆測！」當天校長慢條斯理走上司令臺，手持公文，當眾讀了一段公文，然後說：

沒有任何一個人可以破壞建中的印記，老師不能、學生不能、這個圍牆內的人統統不能。校長是用來做標竿的，尤其不能。一年多以來，我天天站在司令臺左側，椰子樹邊，我煎熬了整整一年，校長可以不幹，尊嚴不可以踐踏，我就等這一天，看著青天白日滿地紅的旗子冉冉而上。我要告訴大家，沒給大家丟臉，沒給建中丟臉，沒給我自己丟臉，沒給我的列祖列宗丟臉。升旗臺就是正義公理之地，站在這裡，我當著神聖的升旗典禮告訴各位，這一年來，你們對我的仇視、汙衊、打擊，我統統理解與諒解，我不怪你們，因為我們都愛建中。謝謝大家。

建中學生很大方，臺下頓時掌聲如雷。這就是建中的升旗典禮，一個可以評頭論足的舞臺。它可以爭自由民主，也是有是非有黑白的聖地。

*

解嚴之初，報業解禁，似乎其他一切也都該解禁了，那時候高中大學流行地下刊物，以各種名號發行發送。一些熱血而激情的建中才子，經常透過未經核准的簡單號外，月旦人物、批評時事，這是狂放的青春，談不上有什麼惡意，就是你不准的，我偏要做，如此而已。建中高層剛開始對於散發教室、社團的聳動性文字，十分容忍，睜個眼閉個眼。當地下刊物全臺熱燒時，上頭一紙命令下來，行政單位吃不消，開始軟性取締。

某一次全校性的朝會升旗，當天風和日麗，瑞氣拂面。當主席就位、全體肅立、唱國歌，進行完畢之後，司儀喊「升旗敬禮——」，樂旗隊奏起國旗歌，「山川壯麗，物產豐隆」，「炎黃世胄……」還沒唱，莊敬樓四樓的兩個窗口，忽然懸空拋下，一對斗大的對聯，每個字都臉盆一般大，端楷方正，氣勢凜然。整個操場譁然，大笑、狂笑、訕笑，笑聲沸騰到了極點。臺上的校長並不知情，機警的年輕教官見狀，從莊敬樓和正誼樓兩側包抄，緊急擒拿的跑步聲聲聲入耳，十分窘迫急促，全都聽得見響。那兩巨幅空中暫停了約莫二十秒，迅即收回。對聯寫什麼，大家都忘了，但是大家都看得懂意思，無非是反對粗暴的取締，正視建中的真精神這一類的。教官們撲了個空，找到很多證物，成立校安處理小組，有信心揪出元凶，緝拿歸案。英明的校長說：「一切歸零，到此為止！」這事兒就不了了之了。

很久很久以前，當我還是高中生的時候，那個年代保密防諜是重要課題。大家都明白，升旗手肩負莊嚴的神聖使命，要讓國旗完美冉冉升上桿頂，如何讓國旗歌最後兩句的「同心同德，貫徹始終，青天白日滿地紅」和國旗自然而然升到頂，能夠完美貼合，這是功夫，也是責任。有一回，其中一位升旗手生病數日，由另一位同學代班，由於是生手，第一天國旗歌吹完了，國旗還在半途趕路，全校哄堂不已；第二天兩條沖天的尼龍繩沒梳理好，繩子打結，升到一半，國旗就掛在半空中倉皇失措，操場又是一陣尷尬。聽說學校將他當成個案處理，朝著有思想顧慮去懲治，升旗竟然升出了問題，這是現代學生很難理解的事。古往今來，升旗真是大不同！

原載《幼獅文藝・青春點名簿》二〇一五年五月號

一叟小語

建中建校一百一十九年校慶，有一批老學生回母校，跟我聊天，亦師亦友，回想從前的紅樓生涯，百無禁忌，全部解密。

「老師，您記不記得，當年升旗，從莊敬樓頂樓放下長軸白色抗議布條……那是我幹的！」街頭運動王小魏說。

同學們笑成一團……

「應該有共犯，對聯是一對呢！還有誰……差點弄死老師……」老夫說。

「老師——老師不要問啦！我們記性很差，都忘了。」

「不知道比知道好啦！」

「俊彥是壞學生啦，不要理他啦……」

從前升旗是重大集會，記憶中大家都不敢造次。我的國中老師是個流亡學生，剽悍英偉的山西大漢，童軍課教我們軍訓，把我們當革命軍人來淬鍊。立正稍息，向左轉向右轉，班縱隊變班橫隊……我們老早練就陸軍官校的體魄。走出教室到走廊排隊，鴉雀無聲，下樓梯四個四個標齊，隊伍行進步伐一致，轉彎一律轉直角；操場集合，插手擺頭，一個口令一個動作，稍一不慎，一個熊掌就巴過來，船形帽瞬間落地。說話聊天，那沒有的事！回想那叛逆的青春，很多人懷念老師給我們樹立的老規矩。

時代不一樣了，這是事實。升旗從六天到五天到三天，到現在減為兩天，不久的將來，可能就不升旗了。校長以及各行政主管的報告，各班連線的電腦可以取代；各處室業務交辦宣達，全校聯播的廣播系統非常暢通。升旗的形式要不要繼續存在，也許可以討論究竟要廢與不廢？

那面悠揚天空一百多年的國旗，我們要如何打從心裡尊敬呢？比起升不升旗這檔事兒，這恐怕是更重要也是更嚴肅的課題。

阿母的腳

左腳右腳，左腳右腳，阿母的腳！
左腳右腳，左腳右腳，阿母的腳！

阿母的一雙腳，自古早就很能跑。我的童年歲月過得比別人緊張，就是拔腿就跑的狀況很多。她年輕，只多我十七歲；她能跑，是個短跑高手。最恐怖的是，我犯個錯，她非要抓到我的意志十分堅強。所以，媽媽有一雙快腳的孩子，童年都不太好過。老夫以過來人的身分，請天下的兒童們要調查清楚：你老母跑得快不快？這件事得先弄明白，才能決定你能不能編織美麗的童年。

*

痛了十幾年的膝關節，母親決定來臺北就醫。年過八旬，她還想繼續經營她的果園，要不我亡父有機的「三星上將梨」就要吹熄燈號了。

看醫生她躲了一輩子，牙痛她怕了大半生。先天的心臟痼疾，她也不願意面對。小時候，床上經常看她背靠著牆挺立，這樣度過無數的漫漫長夜，拔牙、開刀、看醫生，她都很怕很怕。

我們一直勸她把梨樹砍了，改造林，種種一些好樹，造一個私家園林，不要再掙這些辛苦錢了，她始終沒同意。這回我們說了她的痛處：「您一跛一跛地，天上的阿爸若知道會心疼啦！」父親走了幾年，她的腳就痛了幾年。我說：「小時候我跑您追，您很會跑，很多次都差點落在您手裡。不像別人的母親，生起氣來，光靠一張破嘴罵人。哈哈，現在您這樣的跛腳大仙，根本追不上我了。」

十幾年前，阿母為了搶救梨園突然重度中風的老父，她從梨園的盡頭，硬是將她的男人拖到大稻埕，然後大聲喊：「救人喔！」這坎坷的一條路，約莫五百公尺！

腳就這樣壞了……

母親節前兩天，老弟從宜蘭三星老家載她來臺北：「阿母她自己要求來看骨科，聽說臺北這位醫生醫德好、醫術讚，要注射玻尿酸或是開刀都行，只要不痛就好，她還想種梨仔。」

這一次她什麼都不怕了，堅定地像塊鐵像顆硬石，她竟然說：「有什麼好怕的！」

人斜著身子，單腳伸直，左腳半盤在後座上，我鑽進轎車，昏黑中端視她的腳，看似有些腫，左膝蓋變形。我一隻手撫著一隻腳，這腳摸摸，那腳摸摸，輕輕地呼呼……媽媽微微地笑，像極了我小時候摔跤破皮哇哇大哭後，她也是一隻手撫著我一隻腳，這邊「惜惜」，那邊「惜惜」，很快我就不哭了。

＊

「阿母，真的要開刀喔？」

「醫生講的啊！」

「您會怕嗎？」

「不怕！……醫生親口講兩禮拜就可以趴趴走了。」

「若開好刀，咱就不要再種梨仔好不……」話沒說完。

她老天真地讚聲：「醫生講，我很快就可以跑了，可以像你做囝仔不乖時那樣追你，追到讓你親像狗在爬呢！」

我雙手撫摸她的腳，想像溫柔的浪，她靜靜地老眼半瞑，都快睡著了。五十幾年前母親給我「惜惜」的時候，我目睭也是慢慢就掙不開了。跟她一樣，這種感覺我一直記得。

「可以像你做囝仔不乖時那樣追你，追到讓你親像狗在爬呢！」這一句話石破天驚，醫生真會哄老媽媽，他鐵是個孝順的醫生。

「追到讓你親像狗在爬呢……追到讓你親像狗在爬呢……」

六、七歲起就很熟悉的恐嚇，影像仍然清晰。這是小時候母親讓我很在意的警告，我從沒覺得她在嚇我，媽媽很能跑，跑得很快很快。記得被逮過幾次，下場都很悽慘，我就決定要跑得比她更快更快，有毅力果然就會有實力，我愈跑愈快，而且非常快，媽媽在我小一以後就追不上我了，於是我成了大隊接力跑最後一棒的賽跑高手，這是阿母的功勞。

當然我更小心翼翼，我們一群死黨都知道，只要是嚴厲的母親都是會對孩子記仇的，見到媽媽都必須練就拔腿就跑的武藝。這些年來，只要提到小時候阿母對我的追殺，母親常常笑我像《阿甘正傳》那個阿甘一樣，憨憨，阿呆一個，只會一直跑一直跑，頭殼不好。

＊

我一隻手握著阿母的手，一隻手撫著她的左腳，許是車途勞頓，病床上的阿母睡著了。想到小時候我經常處於被媽媽追緝的回憶，有點好笑，對不起媽媽，還有對不起天堂的老師，將來有機會再跟他贖罪。當年年紀小，調皮是最熟悉的過往。

阿母睡得很熟，我手貼著她的腳始終沒有離開……我的腦子裡阿母的腳和我的腳的一段段記憶，全上來了。我心裡想著荒謬的童年，童心童語給自己聽。

第一次是沒看顧阿母的研仔店，偷跑去打躲避球被活逮，母親一手拿著「家法」，一邊大聲恫嚇，「不要給我跑！死囝仔，你這個死囝仔……」母親追，我就跑，第一次逃竄了一段路被抓住，沒想到竹筍炒肉絲那麼厚味，第一次就被打到尿憋不住了。第二天有人打小報告給老師，老師告訴我，母親追你時要趕快給她抓到，她生的氣才不會太大。我接受老師的循循善誘，並且覺得很慚愧，功課不好又不乖。

第二次因為口渴，順手摘了阿猜嬸的一條大黃瓜，小器的阿猜嬸跟沒有知識的同學一樣，也去跟媽媽告狀，說什麼「細漢偷挽瓠，大漢就會偷牽牛」，「阿珠仔，囝仔從小就要教訓……」，阿猜嬸學人家以前的哲學家說話，也沒什麼了不起。媽媽說：「過來！」霹靂一喝。將來是個真男人，我當然要跑一下，就奪門而出。

可是老師的話，言猶在耳，而且我有點頭表示同意老師的話。跑給老母追，又跑得很快，萬一又有同學報告老師，這樣子不太好。我決定順著老師的諄諄教誨，一下子就給媽媽拉到，媽媽有沒有了解我的苦心，我不清楚。可是事情好像變得很大條，沒想到媽媽把我整個人緊緊挾到腋下，像歷史上對待仇人一樣，邊走邊罵，還說：「看你多會跑，你跑啊，再跑啊……跑給我看啊！」天啊，哪有母親這個樣子的，就算我是殺人放火的土匪，說話也不應該這麼挑釁，即便是壞人應該也是有人格的，更何況是我故意給你捉到的，那一天我不認得我的母親了。

更奇怪的是，厝邊隔壁的媽媽們，這一回都沒替我說情，而且表情好像是我媽媽是個教子有方的母親。老實說要不是我聽老師的話，跑得不太遠，就假裝被媽媽抓住，媽媽這種騰空單手扣住我的手勢，我很快就會掙脫。心裡想那樣會很冏，會給人家笑，想到這裡就有點沾沾自喜，媽媽一定暗暗了解我有聽老師的話，等一下也不會打很大力或很多下。

正得意地想著，很快就被拖進客廳，人家說虎毒不食子，阿母竟然狠心一摔，一霎時，我鼻樑碰到地，沒想到還沒被打就流鼻血，差點就暈暈死死去了。小小細細的藤條如雨下，我縮成一團，媽媽還怒氣沖沖地大叫「別裝蒜」……我的媽呀！天下的媽媽都是一樣的，都是一直要給你打死才甘願的樣子，我媽也沒兩樣，就像掛在嘴邊的話，「要打給你死」、「要給你打死」（記不得哪一句才是原汁原味），反正出口很凶狠！

我就是太相信老師了，而且後來我發現我們老師除了課本教對以外，其他的很多都是隨便講講，對我人生都沒有什麼啟示。這一次流鼻血事件，我就打算給他記仇記很久，做老師不可以說謊話呀！這樣除了是害人家被打，而且被騰空單手挾住的姿勢，其實很沒有面子。最重要的是，老師自己書都沒有讀通，就算沒有到助紂為虐的地步，也有助人為惡的嫌疑。後來只要是老師告誡的話，我都沒聽進去，還故意裝著認為老師說的都對，老師始終沒有發現。當我點一次頭，就是報一次仇，我點頭如搗蒜，哈哈！老師笨笨的，應該是屬熊的。想想看，老師不能被學生相信，那是多麼大的羞辱，我就是這樣神不知鬼不覺的用這種最陰險的方式向老師報仇。

「事不過三」，這是亡父的名言，已經吃了兩次的虧，我不能再掉入媽媽或老師的陷阱。自己的身體自己顧，該跑就跑，該溜就溜。「小杖則受，大杖則逃」，是哪一個偉人說的我忘了，根據我活生生的生命經驗，小杖才更要逃。老師會講錯，古代的偉人我猜有時候也不一定都對，不然就是他沒有給媽媽打過，所以他不知道，想想沒有給媽媽打過的偉人，還是個偉人嗎？「棒下出孝子」，這我印象深刻，可是萬一有學生沒有打算將來要當偉人時，您們也應該給我們一條路走啊！不能閉著眼睛說瞎話啊！

＊

從此以後，每逢阿母在嫌東嫌西，聲音拉高，眼神嚴厲時，一看苗頭不對，我就如臨深淵如履薄冰，反求諸己，這一次矛頭是我嗎？如果明明知道自己幹了好事，紙包不住火了，根本不需要從長計議，像破繭而出一般，馬上啟動我的雙腳，死命地跑，準沒錯。

我腦子動得快，有人追殺若跑大馬路，那是死路一條！豪奪不如巧取，所以我改跑田埂路，小孩子腳丫子小，反應機靈，大概有三百多次吧！阿母怎麼都追不到，這件事她一定很挫敗。只要我選擇往後門跑，阿母一次都沒有抓著，田水清清我又身輕如燕，水田映照的天空好美好美，阿母很快就會放棄，然後講一大串「死囝仔，晚上你就知道……」這類恐嚇的話。

有一次跑田埂路時，我太大意，以為警報解除，正奇怪今天怎麼沒聽到老母叫罵聲？回頭之時，阿母已經離我不到兩步遠了。說時遲那時快，我急中生智，瞬即跳入水田，拚命逃竄，沒想到阿母沒讀過「窮寇莫追」這個成語，她也躍入，躍入、躍入、囟狠狠「躍——入」，撲了個空，阿母砰的一聲，整個人大字形摔到田裡頭……

那天晚上脫完衣服，準備洗身軀，在看到月光清清的同時，阿母闖入浴間，二話不說，一大把的「家法」，從上到下，所有方位她全打了，打得我屁滾尿流。那一次我大叫「救命喔」，結果給隔壁同學大肥卿仔聽到了，她聽到了全班就都知道了。竹籬笆縫隙分明，我想她一定也看到別的了。她看到什麼是她沒羞恥心，我不需要太自責，所以我沒有很在意。

後來像猴子爬上芭樂樹啦、像鼠輩躲在樓拱頂啦、躲在豬圈仔啦、往鐵軌一直沒命的跑啦……左鄰右舍看得到的或聽得到的都是我沒被現場狙殺，而且很用心很有腦筋的讓老母又氣又忿的。我要的面子全靠自己，媽媽全要的裡子也沒放過，跑得了和尚跑不了廟，洗澡時給你一頓毒打，家法如雨下，這就是為人子女的悲歌。入夜以後經常性的屠殺，是阿母恨鐵不成鋼的教訓。

＊

阿母醒來，詫異地說：「你們怎麼還在這裡？一個人陪我就好，統統回去，幾點了？都幾點了……」

「九點多。」

「阿明在，就好……」

燈關了，安靜很快來臨。我睡躺椅，相反方向，左手伸進被窩撫著阿母的左腳。阿母輾轉反側，似乎就沒入睡了。好幾次我們同時抬頭，遙望，輕淺笑了。我是睡不著了……

＊

左腳開完刀，一家人努力轉移阿母劇烈的痛楚。

阿母慈潔的手掌多了幾大片老人斑，手心粗繭如網，像個幹粗活的老莊稼漢。我數了數自己比去年增多的老人斑，低聲戲謔地告訴母親：

「您要加油，您看看我的白髮一撮一撮如梨花白，您看看我的老人斑也不遑多讓，這兩個沒長腳的『白髮』與『灰斑』都漸漸趕上您了。」

「您的這一雙腳趕快治療好，趕快復元，我真的準備好，好好認真地再跟您跑一跑，暑假等我回去摘三星上將梨，看我趕不上您，還是您追不到我……」

「會啦！會啦！試試看你就知道啦。」阿母說。

「阿嬤我好怕！阿嬤我好怕！……」孫女說。

阿母那一雙腳，忽然間強大了起來。

＊

老母出院。左膝蓋以下，漸漸消腫，術後只剩青紫瘀血，接下來是四個月的自我復健。鄉下來換膝關節的老人很多，普遍都很勇敢，二話不說，兩腳一起動手術。叔叔如此，鄰居像接力賽般，一個接一個的到臺北尋名醫換人工膝蓋。

開完刀後阿母始終悶悶不語，整個人靜成一塊石。可能只是必然的傷口疼痛，可能在為長期的復健憂心？可能在考慮開不開另一腳？可能再回想為夫腿瘸的神勇？

「半年後我們再開右腳，好嗎？阿母。」

「打玻尿酸就好。」

「怕痛喔！」

「有什麼好怕的！」

「那右腳就開啊！你這麼勇敢，哼都不哼一聲。模範病人呢！」

「這麼老了，人工關節用不了太久，白花錢……」

「想太多了，阿母，給它開下去啦！」

「不要給我開右腳！」

「右腳比較嚴重啊！當年你為了搶救阿爸，從梨仔園的盡頭拖行了幾百公尺，才傷得這麼厲害，非開不可啊！你的左腳是受了右腳的連累。右腳壞了，全靠左腳一拐一拐，才拐壞了。開啦！開啦！半年後就忘記痛了啦……」

「別嚕囌，我說不開就不開……」

「……」阿母含糊低語。

「這是你老爸最後的印記，不准給我開右腳。」

「……」

「不痛以後就記不清楚了。」

病房整個靜了下來。

”一叟小語

她堅持只開一隻腳，一跛一跛地，保留為老爸而損的壞腳。

「只有一跛一跛，你地下的老爸才聽得見響。」

「只有一跛一跛，我才時時可以感受到我的腳步。」

阿母不是示強，她梨道上的每一個步履都是思念。

十五年前，老爸在最遠的梨樹下中風倒下，幾百公尺外，阿母一路拉著老父肥圓的身軀，回到喊得到人的絲瓜棚邊，厝邊隔壁全來了……「歐伊歐伊歐伊歐伊……」救護車接走奄奄一息的老父，她的膝關節嚴重受損。

上天並沒有因此給老父美好的機會，拖了幾年走了。阿母的左腿後來幾乎廢了，人工膝蓋換個半月板就行，阿母就是不肯開刀，抵死不從，竟是「怕腿好了，就忘了你老爸」。後來兩隻腳都壞了，勉強修了一腳。

每天一早，一定走一趟梨園，走到盡頭，走到那棵她男人躺下的梨樹下。然後遠望亡父的老家，五百公尺不到。當年他提著皮箱，走過田埂、走過板橋、走過綠油油的稻浪，入贅來歸，五十個年頭在汗水、在辛酸、也在甜蜜中度過。

羅東往牛鬥的鐵路穿過我們家的田地。那條小火車駛過的鐵道，曾經有她與他私密的浪漫，質樸而含蓄、簡單而濃烈的情愫。他們有他們的通關密語，怎麼問阿母都不肯透露他們的羅曼史。腳一跛一跛地，腳一跛一跛地，走在三星上將梨的果園裡……

常年拚命挑重擔的莊腳人，永遠超負荷的阿公阿媽，勤奮劬勞的晚年，不是坐骨神經開刀就是換人工關節。勞碌的做田人，粗勇的骨力命，最終形塑不成傲嶙嶙的骨氣，全向衰頹低了頭。

“

白鷺鷥開講

我建中一位老學生是銀行界知名的金融專家，也是文壇的新銳作家，出了第二本推理小說。有一天，他走過兩條巷弄，要我為他寫序。書序中我要他以白鷺鷥的風采直上青雲，似白鷺鷥的膚羽一樣，簡單而乾淨。

我和他同住一條老街，我倆隔著巷子對看二十餘年，沒厭過。我看他，臥房熄燈，我就打起呵欠了。他看我呢？我沒問。他很有才氣，建中紅樓文學獎掄元，出了社會，並沒有忘情寫作。他說這本小說從建中高三醞釀至今才出爐，藏在心田二十一年，這「21」經常是老酒的代表數字，我用心給他拍拍手，並且要他望著白鷺鷥飛。

老學生並不知道，我跟白鷺鷥很親。白鷺鷥很白，白最清，清白是我們家的最高調。老廳堂高懸的就是「明月清風」，四個大字。

當我還是牧童時，騎在牛背上的視野，我全放在白鷺鷥的動畫，後來因為先曾祖父絲瓜棚下的野叟語錄，白鷺鷥真的成了我的忘機友，像一群親人。

＊

我的老家在宜蘭縣三星鄉，有的是青青秧田，和三三兩兩的白鷺兒。

絲瓜棚下的老阿祖，跟我講過這些話：

——黃鶴是神仙的，白鷺鷥是咱做田人的。

——隨便白鷺鷥伊飛，咱都不要驚嚇牠。

——伊若要帶給我們福祿，伊就會整群來棲息。

——伊若不肯給我們福祿，咱還有清清白白的田水。

——天頂若有東西落下來，那是白鷺鷥最靈動的飛白。

——伊飛到哪一叢竹仔林，誰人都不能勉強伊們。

農忙時小孩要下田幫忙，看到白鷺鷥，大人小孩時不時就朗朗哼著，這首家喻戶曉的臺灣童謠——〈白翎鷥〉。

白翎鷥（白鷺鷥），車畚箕，車到溝仔墘，跋一倒（跌一跤），扶（拾）著二先錢。一先儉（省）起來好過年，一先買餅送大姨。

小時候，在水圳頭，在水田邊，跟隨扛著鋤頭的老曾祖父巡田水。我總是斷斷續續哼著這首童謠，那是自然就哼起來的，他不大會教歌。

老曾祖父是一個三歲大就沒老爸，替人看鴨群換個鍋巴飯吃的孤兒，叫他快樂唱童謠有點殘忍，所以我的歌路不廣。十八歲以前一直和老阿祖同榻一床，聽不成幾首童謠就長大了，我只學那麼幾條歌，這一首〈白翎鷥〉最熟。

綠油油的田中央，總有一群群白鷺鷥鳥。或群起拍翅緩飛，或三兩隻低頭竊語。瘦條條的黑竿腳兒，久久才帶著田水潑移。偶有孤癖的獨鳥，一隻靜靜地哲學在綠秧間，漫漫思考。萬綠秧中數點白，清靈，鮮明，溜亮，簡潔，乾淨……

這幅圖一直長在我童心的相框裡。

*

青綠綠的稻秧總抬頭望著斜飛的白鷺，田中央的綠浪，流動著幾處白點，看過去就是十分幽靜的美，這個時候會讓你立即陶醉。中唐詩人張志和在他的〈漁歌子〉裡，捕捉他心目中的詩情畫意——「西塞山前白鷺飛」，就是取白鷺作場景，白鷺鷥是田園山水少不了的明星。詩人詞作中那位穿著「青箬笠，綠蓑衣」，「斜風細雨不須歸」的漁父。顯然是心不染塵、超然物外的隱士。

可是，他真懂得鷺鷥嗎？白鷺鷥來了，我得問問。高士總要悠然自在，隱士必得垂釣不歸，這與水田裡的農民汗滴禾下土不一樣。第一線的勞動者才有資格算得上是隱士，農夫更懂得白鷺，白鷺也最懂得農夫。白鷺兒不要文人把牠說成那樣，農夫不說，卻全說了，所以牠跟農夫走得近。白鷺鷥是農夫和漁夫的伴侶，未必是隱者與高士的朋友。這是我老曾祖父說的，有幾分野人獻曝，也有幾分霸氣。白鷺鷥，自古以來大家爭著要，這無關對不對的問題。

另一位中唐詩人劉禹錫，心中也有他的白鷺鷥圖。這一隻白鷺鷥，一身雪白，不與眾鳥混處。夜晚獨自棲眠在茂密的叢草中，白天長久地佇立在潺潺清流的溪石上。前面山頭此刻正清朗無雲，牠就拍翼直飛那迢遙青碧的天空。詩只有說到這裡。大概是飛走了，沒得再說。

「白鷺兒，最高格」的「白」，是文人最高調的顏色。「毛衣新成雪不敵」，白鷺鷥羽翼的聖潔，詩人說得斬釘截鐵，我想白鷺鷥未必沾沾自喜；「眾禽喧呼獨凝寂」，農夫是唯一的伴兒，他懂牠，牠也懂他。「孤眠芊芊草，久立潺潺石」，白鷺的孤眠久立，只有獨居田心的農夫能解，鋤頭上肩，相看兩相得。白鷺鷥的白，是具象的白。它的聖潔形象，還來自於牠的卓爾不群，才算形塑牠的慎獨。所以，白鷺鷥，有形色的

「白」，還要加上無形色的「清」，才能昇華白鷺鷥的「最高格」。我天天數著千元大鈔的老學生，他說銅臭揮不去，一身俗氣，有點慚愧。才了聽我說，白鷺鷥會耳語你，清白是最天然的洗潔劑。

老曾祖父說：在做田人的世界，代代還流傳著——「白鷺兒」是福祿的象徵。每年春來總會有白鳥們的基地，我的家鄉有一大家族十分富貴，當年那個大戶人家，四周的竹林，鷺鷥總是爭著棲居，蔚為奇景，村民以為觀止矣。三十年後，敗了家，說也奇怪，鷺鷥紛飛，一隻也不剩，誰都沒法懂。

白鷺鷥跟黑面琵鷺一樣，對生存環境都有很高的警戒心，這是自然觀察家的結論；文學的浪漫主義者，總習慣拿一些特定的事物，來進行美感的再造，「眾禽喧呼獨凝寂」硬是要把白鷺鷥說成不染輕塵的不俗之物，這種聯想是很文學家的一廂情願，拿到晒穀場去全民開講，說服不了手搖團扇的老農與村婦。文人詩人都是騷人，因著憂愁而創作的文學人，沒汗滴禾下土過，沒天災人禍過，沒柴米油鹽過，你怎麼能酣暢淋漓地寫盡人民的聲色？文人看的和白鷺鷥注視的怎麼會相同？

最後，文人一定要將景緻推向最高點。——前山正無雲，飛去入遙碧——

藉沾一點邊的優雅姿態，醞釀只有文人看得懂的想像。飛上白日青天，直接九轉雲霄，站上靈魂的最高枝！

年年衡陽雁回的俗禽，永遠比不上，不再飛回的「白鷺兒」。誰都可以孤高，不是拿筆使墨的文人才傲骨得起。誰都可以聖潔，不是聖賢家法的德業才高格無上。白鷺兒真是清高，牠只知做牠的白鷺兒；麻雀兒同樣高格，牠甘心天生的黃褐羽。做得成自己，偉大不朽，還要人家說嗎？做不成自己，高格清節，還能自己說嗎？

白鷺鷥做自己，不會因著隱士與高士，礙了牠的青天。結群歸飛天邊，獨立閒步田腳，都是牠的志業。瘦瘦牠的腳骨，尖尖牠的嘴喙。每一個靈魂都有一片天空，黃雀不比牠輕賤，黃鶴也不比牠神仙。白鷺鷥，想飛哪兒，就飛哪兒。

＊

我的老曾祖父自然有所期待，盼望白鷺鷥飛到我們一直單薄的家。他不貪心，要自然等待，要誠心守候，告誡我們不能勉強，白鷺鷥始終沒有青睞過我們家茂密的竹仔林。他說：「牠們不飛過來，我們勉強不得。等不來福分，也天天看到聖潔。沒關係，清白比福祿還要洗心。」

於是，絲瓜棚下的哲學家，是鋤頭日頭敲出來的認命；絲瓜棚下的哲學家，是田水汗水流出來的順天。

我的老曾祖父敬畏天敬畏地敬畏自然萬物；推理小說家，知道老夫為什麼要以白鷺鷥帶你飛了嗎？「前山正無雲，飛去入遙碧」，峰高無坦途，別忘了，更上一層雲；更別忘了，要堅持做自己。

原載《聯合報・副刊》二〇一八年三月

” 一叟小語

先曾祖父是我生命哲學課的第一位導師，我四歲的時候，開始跟著兩個老老人幹家活、幹農活。每天早上四點半左右，老曾祖父和老曾祖母就醒了，夾在床中央，八腳眠床無處可逃，蚊帳裡揮之不去的煙槍味、老人味，很容易讓童心清醒。

先到廚房，我把大灶清乾淨，曾祖母高興什麼時候起鍋煮菜，就什麼時候炊煙冉冉。接著我的第二個工作就是放雞、放鴨、放鵝，把籬笆帳子的籬笆門打開，然後我最經典的姿勢就是蹲在田埂邊，兩隻手托著下巴，等太陽打曝。跟我一樣勤奮的應該算是「雞」這個族群，尤其是會喔喔叫的公雞，牠一鳴天下白，很多人就要起來聞雞起舞、背書吟詩，我們家老曾祖父聞雞第一鳴，就扛著鋤頭巡田水。

看著公雞母雞忙進忙出，我總是不明白，公雞報曉那雄赳赳一鳴，不只是把人們叫起床了，雞國子民也全揉揉眼睛上工了，有些畫面我看不懂。有一天，我問老阿祖：「公雞為什麼會喔喔叫？」那會兒我還小，他說：「總是這樣啊！總是這樣啊！……」八歲那一年我上了學，我又問他同樣問題。他說：「明天透早，我說給你聽。」

牠扛著鋤頭要我仔細地瞧，公雞喔喔叫是萬物自然的本能：「你看牠們在相愛。公雞是叫母雞起床的，夏天的蟬鳴是求偶，秋蟲唧唧、蛙鳴處處也是求偶，半夜的貓鳴，還是求偶。這是大自然最美的聲音，大自然千變萬化，生意繽紛，剎剎生新，都在萬有自然而然的和諧中傳承。公雞不是叫人起床的，吵到人倒是真的……」天亮了，我懂了。

目不識丁的老阿祖，是田中央的農夫，也是草地的自然博士，更是可敬的生命哲學家。白鷺鷥開講，說給我的推理小說家聽，他一定一次就懂了！

建中這塊老招牌

氣溫驟降，只有十來度，六百位畢業校友，不畏嚴寒，準時參加建中「一九八七——就是狂」畢業三十年重聚年級同學會。南海路很熱鬧，這一大群四十八歲的老建中人，相思了三十個年頭，多麼渴望見見老同窗、老老師、老紅樓。很多人硬是套著外套來，人人身上的那一件灰藍夾克就是建中的老招牌，每一位建中人都是建中的符號，每一個人都有一段建中故事，「紅樓才子倚天屠龍，沙漠駝客笑傲江湖」，這是年少輕狂者的原鄉，時時拉著放飛三十年的風箏，原來，「就是狂」的建中人，可以這麼狂愛建中，放眼天下。

四十八歲的紅樓才子們，說穿了，並不狂。外面的人不了解建中究竟狂在哪裡？你如果認真問南海路上的建國戰士們：「沙漠駝客這個古老家族，你們究竟狂在哪裡？」其實，建中人，無分老與不老，他們從來沒有認真想過，倒是紅樓之外十里百里的人，都說建中狂。狂沒關係，我知道這只是自信，和「妄」沒沾上邊。

別問他們，他們答不上來，大部分的人沒想過，無關難易，所以，還真的一臉茫然，頂多苦笑搖頭。尤其是快五十歲的老建中人，他們自信他們的努力，他們努力他們的自信。

「就是狂」是這次大會的主題，主辦人之一的宋崗，是大書法家也是榮獲兩岸金牌特優獎的金石篆刻家，捐出「就是狂」原稿兩幅，橫直各一、「三十重聚五絕一首」義賣，掀起高潮；另外，他精緻巧雕的建中校璽「勤樸誠勇」玉石篆刻，喊價聲此起彼落，何國全以天價拍下。另外，還有其他建中校友捐獻的義賣品，義賣所得，悉數捐給學校作校務基金。宋崗的義氣與何國全的豪氣，令人欽服，他倆都是我的學生，老夫頷首自樂，這就是「一九八七——就是狂」的高調與豪邁，義賣是「狂者」的心意，這是一九八七畢業，建中骨骨生威「就是狂」的真面目……

我們有理由為這所建中百年老店大大喝采，我們有責任為建中這塊老招牌時時揩拭。倚著我是個老老師，看盡建中人的狂，也數盡建中人的狷。「有書有劍有肝膽，亦狂亦俠亦溫文」，老建中人朗朗上口的老對子，有幾分粗獷的書卷氣。

這是流傳的清唱；我們讀得到沙漠駝客：「書卷堆有俠義，剛毅中蘊柔情」，那能收能放的傲骨。宋崗大筆一揮：「三十重聚髮半白，五湖四海齊歸來。年少輕狂相逢處，不問功名不問才」，這內在的從容與恬淡，是三十年的淬鍊與昇華，「就是狂」是智慧的凝鍊，也是自在的豁達。典範在前，崇敬為先。來時青春，離情蒼顏，即將走下建中的講臺，我要為紅樓新才子做最真、最善與最美的叮嚀：

*

紅樓，是一百多年來許許多多跑在最前頭的學長，不斷紅起來的樓。
紅樓，是一百多年後還要一直跑在最前頭的學弟，一直紅下去的樓。
紅樓，是紅磚子一塊一塊簡簡單單堆疊起來的，大家都看得到。
紅樓，是紅磚子認認真真整整齊齊矗立起來的，這也不是祕密。

赫赫黌宇，髦士三千，薰陶入座，恐後爭先。
建中，這塊招牌越來越重，你們要扛得起來。
大而化之，賀公是瞻，金石貞固，永記年年。
建中，這片森林越來越大，你們要美得起來。

樹怎麼長不重要，成了參天的古木，讓人記得就是不朽。
樹怎麼美不重要，成了優質的森林，讓人尊敬就是永恆。

建中是一座文化的大山，只要是優質的山，都要雄偉傲岸，直上青天。
有的山崇高，峻極於天，發憤要大有天下。
有的山平和，溫潤如玉，發心要同人無外。
有的山嶔崟，磊落大方，發願要痌瘝在抱。
念過建中的人都知道：
這裡的大山含玉、臥虎、藏龍。
這裡的大山有聲、有色、有香。
念過建中的人都明白：
這個王國是自由，不是散漫；這個王國是曠達，不是狂妄。
你們偉大之後，更要謙讓，有而不居，含藏收斂。

三年前赫赫黌宇，髦士三千，你們曾因建中而偉大。
三年後巍巍紅樓，光芒萬丈，建中要因你們而不朽。
一朵花成就不了繽紛的花園；
一片雲成就不了浩瀚的天空；

一棵樹成就不了美妙的春天。
看花團錦簇，才算多采多姿；
紅樓一條心，才能可歌可泣。
你們一定要懂得——謙卑與團結。

＊

我在建中這塊土陶醉了半生，知道什麼叫做告老還鄉。紅樓新鮮人，你們揹著「建國中學」的書包，是一種責任；穿著「灰藍夾克」的外套，是一種榮譽。建中不只是讓人羨慕的，你們要懂得繼往開來。任何自以為是的狂妄，對建中對你自己都是一種褻瀆。

紅樓夠老，沒有旗幡大纛，招牌貼在重樓紅磚上。大白天並不搶眼，到了夕陽黃昏立得特別挺。從對街史博館皇家氣派的朱牆，斜映到赫赫黌宮的紅磚，這是南海路十分自許的紅。矗立百餘年，漲紅的容顏很義氣，老不老去沒心思，他只准自己斑剝；任它風雨吹洗，磚皮一般紅，朱顏就是朱顏，永不褪色。朱院紅樓駐兩旁，南海學園分庭抗禮。

從建中走出去的才子很多，有人揚名立萬，也有人身居要津；有人懷才不遇，也有人怨懟喟嘆。有人富貴如天，不食人間煙火；當然也有人王業自安，抓不到節奏。但是骨子裡都念着這一塊招牌，每一位駝客都高高掛在骨頭骨氣間；走到天涯海角，掛在心裡血液裡的，永遠是這一塊壓不扁吹不走的老招牌。

臺灣的新聞太少，在流行家醜外揚的年代，經常有個不小心打破的黃昏，記者哥記者姐就會驚擾建中，新聞尖兵壓境，兵臨紅樓臺階。建中才子不會拿雞排砸人，他們心裡不准吵吵鬧鬧。紅樓右腰嵌上的大理石頌碑——「赫赫黌宇，髦士三千」，也從來不曾答應。

愛一個人有很多種可能，愛之河的濫觴，從肺腑來才是王道。新駝客愛舊紅樓，是天然的夢，旁人做不來。像天倫之情，永恆無已；似執子之手，白頭到老。建中，這是駝族的家，是駝客家族的招牌，誰都休想存著異樣的眼光偷窺它。

任你如何志在遠方，任你如何浪迹天涯，當風霜洗盡，當老漢緩影，誰都會面對紅樓的方向翹首，像對著家的姿勢低迴。眺望愈遠，仰望愈高，渴望就愈深，心的風箏會如葉落歸根，緩緩墜飛。落地一聲鏗鏘，是駝客對紅樓的信仰，是死心塌地的皈依。

紅樓老氣，駝客遠志，不畏冷嘲，無懼熱諷。數斑剝百年，依然是晚陽斜風下的紅面關公。仰企他，你不用急著迴車，義薄雲天，有看不盡的古道風華。他讒他的讒，他佞他的佞，古樓巍巍，自有他嚴整的蒼茫。

紅樓老厚，才子多情，不朽是他的任真，自在是他的率性。建中黌宮有數不完的髦士三千，敗家子敗不到他的清明，練家子練不過他的深邃。建中是風德在抱，傲骨嶙峋的練功房。吹不過風沙飛渡的塵土，上不了他的樓骨；唱不成痛徹心扉的高調，貼不住你的庸俗。才子卓越，紅樓跟前你只能有一道大器的光芒！

建中是屬於灰藍夾克的領土，才子在沙漠築夢三年，殷殷紅樓，這是他們一生一世驕傲而永恆的家。數其他進進出出的英俊豪傑都只是跑龍套，校長、老師、家長，都得來了就走。老夫迎新曦、送夕陽，捋鬚陶然三十四年，走下臺階的時候一到，拍拍屁股走人，我依然只是個過客。

「今日我以建中為榮，明日建中以我為榮。」招牌長在建中人靈魂深處，根深柢固。招牌就是招牌，他是建中才子的，他是灰藍夾克的。旁人過度的熱愛，都是一種狎慢。

椰影風吹樹，斜了，扶兩把就正；樓老雨潤身，濕了，揩兩下就乾。鐫在心窩裡的招牌，是別家沒有的烙印。天空在，斑剝紅樓在，駝客正灰藍。好小子們，建中，是你們的名字；紅樓，是你們的招牌。

我的背，駝了；我的頭髮，禿了；我的老眼，昏花了。我老了。看著畢業三十年的老建中人，說狂不狂，不狂亦狂，如今都領袖群倫，又謙卑自牧。在這個美麗、閃亮的一刻，老夫要驕傲、同時激情地向紅樓敬禮！然後一鞠躬，二〇一八年七月卅一準備告老回家。

老建中人三十年重聚：「一九八七——就是狂」，有王者之風，有義士之骨，宋崗、何國全，建中記得你們。「依舊霸氣，就是狂」，有熱血之狂，有牧謙之狷。紅樓新貴，你們要胸懷天下。

”

一叟小語

「勤樸誠勇」，是建中一百一十九歲亙古不變的校訓。宋崗以魏碑體的優雅，自然雕紅了校璽。義賣他對建中慈悲的癡狂，那是醞釀三十年的疏狂，是一方謙而能施的傲骨，是一方大而能容的玉氣，是一方能在田也能在天的雙龍戲珠，狂到無私無我的大器，才凝成的聖潔。

宋崗愛校如家的義舉，加上何國全「東海東，玉山下」的狂戀，以天價成就了無價，建中魂，就是狂到深處無怨尤。雙龍印璽，正是宋崗和何國全，時而見龍在田，時而飛龍在天，豈只是一時之儁耳！就在一九八七建中畢業三十年這一年，他倆大鵬展翅，追求卓越，再創巔峰，走出新的里程碑。我們等著拍手！

宋崗忘了我，忘了物，忘了慾，所以能堅持「不忘初衷」。拋卻學界教授之尊，放下商界巨薪之利，隱於水墨、樂於金石，遊於物之外，全心走一個人的書境與刀境。這位前無古人，後人難及的大藝術家，他叫「宋崗」，記住他的名字，他會是：「天下第一人」！

紅樓，不只是紅樓；建中，永遠是建中。聽我最後的高調：

人生只有走出來的美麗，沒有等出來的輝煌。就從今夜起，就從現在起，你們要做建中的靠山。這樣，再過一百年——建中還是一座大山。一座錦鏞的大山，一座文化的大山，一座永遠的大山。

南海路不長，南海路卻永遠是走不膩也走不累的朝聖之路。
紅樓不老，紅樓永遠是一塊接一塊那頂天立地的紅磚座標。
建中不大，建國中學因為你們，永遠是亮眼偉大的老招牌。

建中給你一滴水，你要給臺灣一條江一條河，這就是大。
父母給你萬般骨氣，你要給人類無限的可能，這就是大。

建中不大，建中人你們要永遠強大，有本事的就好好偉大。
請你抬頭挺胸向前走，走向你們的「大」男人與真男人之路。
飛黃騰達，抬望眼誰都想要；懷才不遇，說穿了是家常便飯。
你要仰望紅樓斑剝的堅持：人可以平凡，但絕不能庸俗。
果真如此，每一位建中人就都能扛得起「建中這塊老招牌」！

國家圖書館出版品預行編目資料

學生③叫我最後一名 / 林明進著. -- 初版. -- 臺北市 : 麥田, 城邦文化出版 : 家庭傳媒城邦分公司發行, 2018.04
面； 公分. -- (林明進作品集 ; 4)
ISBN 978-986-344-547-0(平裝)

1. 人生哲學 2.教育 3.通俗作品

191.9 107003812

林明進作品集 4

學生③叫我最後一名

作　　者　林明進
責任編輯　林秀梅

版　　權　吳玲緯　蔡傳宜
行　　銷　艾青荷　蘇莞婷　黃家瑜
業　　務　李再星　陳玫潾　陳美燕　枡幸君
副總編輯　林秀梅
編輯總監　劉麗真
總 經 理　陳逸瑛
發 行 人　涂玉雲

出　　版　麥田出版
104台北市民生東路二段141號5樓
電話：(886)2-2500-7696　傳真：(886)2-2500-1967
發　　行　英屬蓋曼群島商家庭傳媒股份有限公司城邦分公司
104台北市民生東路二段141號11樓
書虫客服服務專線：(886)2-2500-7718、2500-7719
24小時傳真服務：(886)2-2500-1990、2500-1991
服務時間：週一至週五09:30-12:00・13:30-17:00
郵撥帳號：19863813　戶名：書虫股份有限公司
讀者服務信箱E-mail：service@readingclub.com.tw
麥田部落格：http://blog.pixnet.net/rye¬eld
麥田出版Facebook：https://www.facebook.com/RyeField.Cite/

香港發行所　城邦（香港）出版集團有限公司
香港灣仔駱克道193號東超商業中心1樓
電話：(852) 2508-6231　傳真：(852) 2578-9337
E-mail：hkcite@biznetvigator.com

馬新發行所　城邦（馬新）出版集團【Cite(M) Sdn. Bhd. (458372U)】
41, Jalan Radin Anum, Bandar Baru Sri Petaling,
57000 Kuala Lumpur, Malaysia.
電話：(603)9057-8822
傳真：(603)9057-6622
E-mail：cite@cite.com.my

排　　版　宸遠彩藝有限公司
印　　刷　沐春行銷創意有限公司

初版一刷　2018年4月1日
初版七刷　2018年4月3日
定價／300元

ISBN：978-986-344-547-0